谨以此书献给

为中国石油工业发展做出贡献的人们！

回望石油发现井

闫建文 著

石油工业出版社
地质出版社

图书在版编目（CIP）数据

回望石油发现井 / 闫建文著 . — 北京：石油工业出版社，2019.10

ISBN 978-7-5183-3561-9

Ⅰ. ①回⋯ Ⅱ. ①闫⋯ Ⅲ. ①石油工业-工业史-中国 Ⅳ. ①F426.22

中国版本图书馆 CIP 数据核字（2019）第 190990 号

出版发行：石油工业出版社　地质出版社
（北京安定门外安华里 2 区 1 号　100011）
网　　址：www.petropub.com
编辑部：（010）64523541
图书营销中心：（010）64523633

经　　销：全国新华书店

印　　刷：北京中石油彩色印刷有限责任公司

2019 年 10 月第 1 版　2019 年 10 月第 1 次印刷
710×1000 毫米　开本：1/16　印张：23
字数：260 千字

定价：68.00 元
（如发现印装质量问题，我社图书营销中心负责调换）

版权所有，翻印必究

序

　　石油与人类的生存发展和文明进程息息相关,翻开人类文明发展的历史画卷,石油占据着不可或缺的位置,世界上从来没有哪种物质能像石油一样在人类发展史上留下宏厚的印迹。石油是现代工业的"血液",更是国民经济的命脉,谁控制了石油谁就控制了世界!

　　几千年来,中国劳动人民为发现石油、探索石油、开发利用石油付出了艰苦卓绝的努力。早在东汉时期,史籍中即有延安、酒泉、库车等地发现利用石油的记述。20 世纪 50 年代末,大庆油田的发现标志着中国摘掉了贫油的帽子,实现了原油自给。21 世纪,国家提出要加快国内勘探开发,打好勘探开发攻坚战,保障国家能源安全的战略目标。

　　一口石油发现井,一个传奇老故事。一口石油发现井,一座历史大丰碑。丰碑上凝结着石油人的汗水和智慧,镌刻的是石油人的喜悦、成就,更展示着石油工业发展的脉络,铸就了石油的梦想与神话。

　　早期勘探是石油开发的起点,是大战前的全面侦察,更是一项综合的科学冒险。既要有详实的现场地质调查研究,又要有大胆的科学推演与判断,只有在反复实践的辩证过程中才有可能获得勘探发现的突破。

　　油气钻探是石油勘探开发的关键,是找到地下"金娃娃"的

"秘经",是技术与脑力的回放,更是石油精神的真实印记。古人认为"上天入地"是世上最难的事,"上天"是人类的梦想,"入地"更是人类的追求。今天神舟飞船已经遨游太空,嫦娥奔月、玉兔行走已经成为现实,墨子号、悟空号开启探索星空的新时代,长征火箭已成功实现300次发射。"入地"就是向地层深部进军,探索地宫的奥秘,今天已实现各种复杂地形地貌的深地、深海钻探,挑战人类探寻地下宝藏的极限。

20世纪50年代,我大学毕业后,就走上了寻油找气之路,参加了四川、松辽、渤海湾、陕甘宁、江汉、辽河、吐哈、塔里木、南海等石油勘探大会战,见证了我国现代油气工业的发展历史,从陕北延长到甘肃玉门、从松辽盆地到渤海湾盆地、从四川气区到新疆沙漠腹地、从内陆盆地到蓝色海洋,可以说踏遍了中国油气发现的每一片土地,石油的兴衰时刻牵动着我的心,我与石油结下了不解的情缘。

石油发现井是油田勘探开发的"第一枪",是开启地宫宝藏大门的金钥匙,也是石油人创业和创新的标尺。历史的印鉴是构筑现实美景的科学依据,通过深入挖掘石油发现井的历史,追溯一个个难忘的历史瞬间,重温当年石油勘探、定井位、钻井、完井、试油的历史,再现出油那一刻欢呼雀跃的动人场面,全景式展现我国石油工业的发展历史。

回望石油发现井,重温创业年代的激情岁月,就是追溯历史,留存记忆,传承石油精神。回望石油发现井,再现历史亲历者的决策过程,就是以史为鉴。

纵观我国石油勘探开发的发展历程,有成功的喜悦,更有失败的煎熬,石油人坚持不懈,矢志探寻,历尽千辛万苦,沙漠、戈壁、滩涂、高原、山丘，挑战无人区和缺氧缺水区，一个盆地接着一个盆地不断地去探寻、去发现、去钻探，失败与成功交织在一起，但只要你坚持、执着、勤奋和忠诚，一个又一个的"金娃娃"终究会如神来之笔，被探寻者揽入怀中。

《回望石油发现井》这本书，内容十分丰富，资料非常详实，涵盖了我国东西南北中、近代到现代各个历史时期每个油气田的勘探重要发现和钻探历程，阐述了每一口发现井的历史功绩和现实意义。这是一本石油人的奋斗史、创业史，真实刻画了石油人果敢决断、突破禁区、无私奉献的精神；这是一本石油科技史，反映了石油人勇于创新、不断攻克一个又一个钻探技术难题的创新精神；这也是一本兼文学性、科普性的时代书简，以叙事的方式记述了我国石油工业亲历者的感人故事和艰辛历程，激励着后来的石油人勇往直前。

本书细细读来令我感怀，勾起了我长久的回忆……掩卷沉思，深感石油创业的艰难，致敬石油人！历史不能忘记，回望历史是为了启迪未来，让石油精神代代相传，再创石油工业新的辉煌。展望未来，向新区域、新领域、新层系进军的号角已经吹响，应对能源新挑战，去努力发现更多的石油、更多的天然气、更多的新能源，造福人类，福祉子孙。

是以为序。

中国工程院院士 陈光明
2019.5.1

目 录

- 石油的生成与发现 ……………………………………（1）

  石油是人类最早利用的天然物质之一，人类发现和利用石油的历史悠久。

- 石油典籍概览 …………………………………………（13）

  中国是世界上发现和开采石油天然气最早的国家之一，石油天然气的开发利用历史悠久，在许多书、录、志、赋、奏章、私家著述等历史文献资料中，都有详尽的记载。

- "井"的起源与演变 ……………………………………（23）

  汉字中"井"字是什么时候出现的？又是如何演变的？

- 中国近代第一口石油井——苗一井 …………………（39）

  苗一井，采用近代钻机钻成的台湾苗栗出磺坑第一口油井，标志着中国近代石油工业的开端，被记载在中国近代石油史的首页。

◊ **中国陆上第一口石油井——延一井** ……………………（51）

延一井，中国陆上第一口石油井。延一井的诞生使中国石油工业发展迈出了标志性的一步，有着不可磨灭的历史功绩。延长油矿被称为"中国石油之母""石油圣地"，石油界的"黄埔军校"。

延长油矿的石油点亮了延安窑洞的灯火，延安窑洞的灯火照亮了中国革命的航程。

◊ **玉门油田发现井——老一井** ……………………………（63）

玉门，中国石油工业的摇篮，石油人心中的圣地，老一井静静地依傍在老君庙旁，与庙堂上的太上老君朝夕相伴，凭时光飞逝、岁月流淌，也掩不住那梦想的光芒。这里留下了一大批实业家、大学者、创业者的足迹，这里也走出了一大批石油英才，这里是试验田，这里是大学校，这里是大研究所。这里出产品、出经验、出技术、出人才。这里建成了新中国第一个现代石油工业基地。

◊ **新疆油田发现井——克一井** …………………………（77）

克一井喷油揭开了新疆石油工业发展的序幕。1958年9月，朱德视察克拉玛依时讲到："三年以前，这里只有一个打猎的维吾尔族老人，可是三年以后，你们已经在荒凉的戈壁滩上建立起了一座四万人口的石油城市，这是一个很大的成绩，也是一个动人的神话。"

新中国石油工业从这里走来！

💧 青海油田发现井——地中四井 ················· （101）

　　柴达木，中国版图上一块古老而又神奇的地方，诗人李季考察后留下了脍炙人口的诗篇《柴达木小唱》："辽阔的戈壁望不到边，云彩里悬挂着昆仑山。镶着银边的尕斯湖啊，湖水中映着宝蓝的天。这样美妙的地方哪里有啊，我们的柴达木就像画一般……"

　　地中四井喷油，向世人宣布冷湖构造蕴藏着丰富的石油，开创了柴达木盆地油气勘探的新纪元，为新中国的经济建设和国防建设做出了重要贡献。

💧 大庆油田发现井——松基三井 ················· （121）

　　1959年9月26日，松基三井喷出工业油流，随后一场声势浩大的石油大会战拉开序幕。

　　习近平致信祝贺大庆油田发现60周年，贺信中指出：60年前，党中央作出石油勘探战略东移的重大决策，广大石油、地质工作者历尽艰辛发现大庆油田，翻开了中国石油开发史上具有历史转折意义的一页。60年来，几代大庆人艰苦创业、接力奋斗，在亘古荒原上建成我国最大的石油生产基地。大庆油田的卓越贡献已经镌刻在伟大祖国的历史丰碑上，大庆精神、铁人精神已经成为中华民族伟大精神的重要组成部分。

💧 吉林油田发现井——扶二十七井 ················· （147）

　　1958年，按照国家"三年攻下松辽"和"尽快在东北找到大油田"的要求，松辽石油普查勘探大队相继发现扶余Ⅰ号、Ⅱ号和Ⅲ号构造。1959年9月29日，在黎明的曙光中，扶27井喜获工业油流，与松基三井南北呼应，成为松辽盆地存在大油田的最有力佐证。从此，吉林油田开发建设揭开了波澜壮阔的一页，在广袤的松辽大地上谱写出了一曲曲激荡人心的奋斗之歌，在共和国石油开发历史上写下了辉煌的篇章。

胜利油田发现井——华八井 ……………………（161）

华八井，华北地区第一口喷出工业油流的井，渤海湾盆地第一个油田——东营辛镇油田的发现井，自此打开了渤海湾盆地地下宝藏迷宫的大门。

1965年春，石油工业部召开局厂领导干部会议，康世恩在会上讲到："渤海湾石油会战取得了突破性进展。张文彬在东营打出了油，杨文彬在大港打出了油，为国家找到了胜利、大港两个油田，向这次会议报了喜，我们向他们表示热烈的祝贺！"

辽河油田第一井——辽一井 ……………………（177）

辽一井，作为下辽河平原第一口参数井，建立了下辽河平原中新生界地层剖面，找到了多个良好油气显示层，证实东部凹陷南部地区具有油气资源，揭开了下辽河石油钻探的序幕。辽一井的钻探标志着辽河平原油气勘探从普查勘探工作进入寻找油气田新阶段。

- **大港油田发现井——港五井** ……………………（189）

    港五井是天津北大港第一口获得工业油流井，以其特有的身份骄傲地镌刻在大港油田的历史上，不仅打开了大港地区石油勘探的新局面，展现了大港地区石油开发的广阔前景，而且是中国华北地区石油勘探取得的第一个重大突破。

- **江汉油田发现井——王二井** ……………………（203）

    地质部和石油工业部的勘探队伍经过多年的普查和区域勘探，于1966年，在江汉盆地的腹地潜江县境内，王二井喜获工业油流，这是湖北省江汉平原的第一口工业油流井。

- **中国海上第一井——海一井** ……………………（211）

    海一井，渤海海域第一口发现井，是我国海洋石油的报春花，也是中国海上第一口工业油流井，标志着中国海洋石油进入工业发展的新阶段。钟一鸣称海1井试油成功"如一只报春的燕子"。

- **江苏油田发现井——苏二〇井** ……………………（221）

    苏二〇井，苏北地区获工业油流的第一口探井，也是苏北地区第一口发现井，实现了江苏石油勘探的一个重大突破，从而拉开了江苏石油勘探的序幕。

    在苏北开展石油勘探，犹如把"油井打在花园里"，可这里也是"石油地质家的考场"。

- **长庆油田发现井——庆一井** …………………………（229）

    庆一井，马岭地区具有工业价值的第一口出油井，为长庆油田的发展隆重奠基，成为马岭油田的发现井、长庆油田的功勋井。庆一井，长庆油田的一座丰碑，长庆人的一部奋斗史。

    毛泽东同志听取石油工业部关于陕甘宁陇东石油勘探情况的汇报后说："庆阳石油有希望。"

- **河南油田发现井——南五井** …………………………（243）

    南五井，河南省境内的第一口出油井，为南襄盆地找油找气拉开了序幕，作为河南油田发现井载入史册。这一消息传到北京，正在参加国务院工作会议的康世恩欣喜万分，立刻向大会报告了这一喜讯："南阳发现了工业油流，河南省成为我国第十六个出油的省份了！"

- **华北油田发现井——任四井** …………………………（251）

    任四井喷油，宣告华北油田诞生，开辟了碳酸盐岩找油的新领域，这是几代石油人的不懈追求和期待。中国发现并拥有了第一个古潜山油田的消息，如惊雷震撼华夏，改写了我国碳酸盐岩地层石油勘探的历史。

- **中原油田发现井——濮参一井** ………………………（265）

    1976年，新濮参一井完钻喷油，现场召开喷油祝捷大会，东濮石油勘探会战领导小组组长傅积隆在大会上满怀激情地说："新濮参一井喷油，是东濮石油会战的第一声礼炮，是油田发展的第一步，就像一本厚重的书，才翻读了第一页。我们要再接再厉，决心拿下大油田。"濮参一井的喷油，成为中原油田的发现井被载入史册。

西南油气田功勋井——相十八井 (275)

相十八井出气的消息传出，川中沸腾了，四川油气田沸腾了，这一重大发现如一束希望之光，照亮了川渝千里气田，川东气田进入一个红火的年代。这是四川盆地继二叠系和震旦系之后又发现的一个新的主力气藏，彻底改变了四川盆地东部无石炭系的历史定论，是油气勘探史上的重大发现和新的里程碑。

冀东油田发现井——南二十七井 (291)

南二十七井的出油，突破了砂岩地层出油关，给整个南堡凹陷第三系的勘探开发展现了光明前景，由此掀开渤海湾盆地勘探开发的新高潮。

塔里木油田功勋井——轮南二井 (299)

轮南二井喷油，彻底改变了石油地质界对塔里木盆地深部地层含油气前景的认识，极大地鼓舞了在塔里木找到大型油气田的信心，轮南二井成为六上塔里木的发轫井、塔里木油田的功勋井，是塔里木石油勘探的里程碑，由此拉开了塔里木盆地大规模油气勘探开发会战的序幕。

💧 **吐哈油田发现井——台参一井** ……………………（311）

> 台参一井喜获工业油流，被赞誉为1989年中国石油工业第一枝报春花，标志着吐哈盆地在侏罗系油气勘探取得重大突破，改变了我国西部地区侏罗系找油无所作为的局面，丰富了我国陆相生油的理论，拓宽了找油领域。过去被世界石油打入"冷宫"的侏罗系，从此身价大增，盆地大规模勘探开发也自此拉开序幕。

参考文献……………………………………………………（330）
后记………………………………………………………（345）

石油的生成与发现

石油是人类最早利用的天然物质之一，人类发现和利用石油的历史悠久。

石油的定义和特性

石油是赋存于地下岩石孔隙、缝洞中以碳氢化合物即烃类化合物为主要成分的一种可燃有机矿产。广义上，石油是由自然界中存在的气态、液态、固态烃类化合物及少量杂质组成的混合物；狭义上，石油专指主要由各种烃类化合物组成的液态、半固态物质，也即原油。

公元前10世纪以前，古埃及、古巴比伦、古印度等把石油沥青用于建筑、防腐、黏合、装饰、照明、制药等。在楔形文字中有从死海沿岸采集石油的记载。公元前10世纪至公元前6世纪，毕加索山脚下和里海西南岸广布油气苗，燃烧时间很长。虔诚的拜火教信奉者长途跋涉前来朝拜，称之为"永恒神火"。公元前5世纪，在古波斯帝国的首都苏撒城附近，出现了人类最早手工挖掘的石油井，古苏撒人称石油为"拉迪那萨（rhadinace）"。波斯人最早将石油用于战争，他们用石油做成的"火箭"攻打雅典城。公元1世纪前后，在中国鸿门、临邛和法国的格勒诺布尔地区出现天然气井，在中国延长、伊拉克基尔库克等地区发现油苗，居住在伊朗高原西北部波斯雅利安系的米太人把石油称为"纳发萨（Naphtha）"。"拉迪那萨"和"纳发萨"是人类最早给石油的命名，这两个词具有"渗流""流动"的含义，表明古人是亲眼见到了油苗汩汩而流的情景之后命名的。

人类开发利用油气史和人类的文明史是同步发生和发展的。古人凭借经验知道了石油是可以点燃的，并且呈现各种颜色的火焰。限于远古时代科学水平，古人无法解释石油的物理化学性质，便赋予石油许多迷信的说法，编撰了许多神秘故事，《圣经》的"创世纪"中就有与石油有关的故事。古代世界的石油名称中不少带有迷信的色彩，比如"魔鬼的汗""发光的水""普罗米修斯的血""木乃""从天而降的神火"等。

据考证，14世纪中期，人们把希腊字中的Petra和罗马字中的Oleum组合为一个新词，即石油的英文名称：Petroleum，在拉丁文中，Petra指岩石，Oleum指油，Petroleum意即岩石中的油，这一名称源于古时对地下自然涌至地表的黑色液体的称谓。Petroleum这个英文单词最早出现在英国国王爱德华三世（1327—1377年）的宫廷记录和皇室储藏的物品清单上，其中记有从远征探险队那里获得的8磅石油礼物。而在科学论文中正式使用Petroleum一词是在1556年，德国人乔治·拜尔在一篇关于石油开采与炼制的论文中第一次公开使用了Petroleum一词，而后一直沿用至今。

在我国古代历史上，石油的名称是随着人们对石油认识的逐渐深化而不断演变来的。最初，人们把石油看成是可以燃烧的水或肥水，随着认识的加深，对石油的物理特性、功用、区域分布等有了进一步的了解，石油就有了"石漆""膏油""沥青""石脂""肥""可燃水"等名称。隋唐时期，石油被称为"石脂水"。北宋时期，开始对石油进行初加工，称加工后的石油产品为"猛火油""火油"，医药上称为"石脑油"。宋代科学家沈括经过现场详细考察、研究，"发现"了石油，科学地命名和定义了石油，并对石油的未来给出了极具前瞻性的预言，历史上第一个完整地、科学地、准确地将此物命名为"石油"，结束了命名混乱的局面，此后再未改变，一直沿用至今，且成了通用名称。可以说，沈括是世界上准确科学命名"石油"的第一人。这一时期，医药领域仍称石油为"石脑油""雄黄油""硫黄油"。这里需要指出的是，沈括和乔治·拜尔所说的石油都是当时人们对地下自然喷发到地表的黑色液体的称谓。

1983年，第十一届世界石油大会提出了一个关于烃类物质命名的推荐方案；1997年，第十五届世界石油大会提出并确定了世界公认的有关石油储量的术语，给出了现代石油科学的定义。

石油是指以碳氢化合物为主，具有气态、液态和固态天然产状的烃类混合物。石油的基本类型为原油，储存于地下储层中，常温常压下一般为液态。天然气是石油的另外一种类型，在地下储层条件下溶解于原油之中，以气态形式储存于岩层中。石油和天然气中还包括少量的非烃类成分，如硫化氢、二氧化碳等。

组成石油的化学元素主要是碳和氢，其余为硫、氮、氧及微量金属元素。由碳和氢化合形成的烃类构成石油的主要成分，碳含量约占83%~87%，氢含量约占11%~14%。不同产地的石油，各种烃类的结构和所占比例相差很大，主要包括烷烃、环烷烃、芳香烃三类。以烷烃为主的石油称为石蜡基石油，以环烷烃、芳香烃为主的石油称环烃基石油，介于二者之间的称中间基石油。天然气则是由以气态的碳氢化合物为主的各种气体组成的、具有特殊气味的、无色的易燃性混合气体。

　　石油的物理性质随其化学组成的不同而有明显的差异。不同性质的石油，其开发、集输、贮存、加工差异较大。特定石油混合物中分子的大小决定石油气液状态的组成，同时决定原油的流动性。原油密度为 $0.8\sim1.0 g/cm^3$，黏度范围较大，凝固点为 $30\sim60℃$，沸点范围为常温到 500℃以上，可溶于多种有机溶剂，不溶于水，但可与水形成乳状液。石油所处地层的深度与压力和温度有很好的相关性，油藏的压力和温度决定了油品性质。石油在地层中呈液体状态，也有埋藏较浅的石油露出地面，其中轻质成分被蒸发，留下重质成分以固体的形式存在。重质成分较大的原油在地下高温条件下是液体，采到地面在常温下就变成了固态，且质地坚硬。

　　原油具有特殊气味，芳香属组分含量高的原油具有一种醚臭味，含有较多硫化物的原油则散发着强烈刺鼻的臭味。原油颜色有黑、黑褐、深棕、红、黄、墨绿、褐红、茶褐，甚至透明，一般为棕黑色可燃黏稠液体，颜色由其中胶质、沥青质的含量而定，胶质、沥青质含量越高颜色越深，原油的颜色越浅其品质越好。

石油的成因和储集

一、石油的成因

　　石油是如何形成的呢？学术界目前有两种说法，一种是有机成因说，另一种是无机成因说。

　　关于石油来源的主流学说——沉积生油学说，又称为有机成因说。有机成因说认为，在地质时期分散在沉积岩中的动植物、浮游生物和低等生物等有机质，经复杂的物理、化学和生物化学作用形成干酪根（生油母质），在漫长的地质时间和合适的温度、压力条件下，干酪根经受不同的物理化学转化，形成石油和天然气。其本质是地球上远古生物的存在是石油生成的必要条件。有机成因说又分为"早期成因说"和"晚期成因说"。早期成因说认为有机质在成岩作用早期生成烃类。晚期成因说也称干酪根成油说，认为石油是沉积物中的不溶有机质在成岩作用晚期和后生作用初期岩层深部成熟热解生成石油和天然气。在晚期成因说中，根据不同生油母质来源，以及松辽盆地等相当一批陆相沉积盆地发现大型油气田的事实，又特别强调"陆相生油"。大庆油田就是典型的陆相生油实例。

无机成因说认为，石油是在地球历史过程中，在高温高压条件下，地球深部的氢元素、碳元素发生化学反应，形成石油和天然气。也有说法认为石油和地球同时生成，宇宙中漂浮的物质被某一巨大能量合成为地球的时候，就夹杂着石油。无机成因说认为石油是在基性岩浆中形成的，其理论依据和实验基础是，在实验室内采用无机合成的办法生成了石油中的碳氢化合物，通过对天体的观察发现某些无生命的星体却有碳氢化合物的存在。

通过分析石油和天然气的化学成分，可以判断石油的生成与古代生物有关。从目前全世界所发现的油田看，石油大都来自具有丰富生物遗迹的沉积储层，而生物的细胞含有脂肪和油脂，这些物质是由碳、氢、氧等元素组成的。生物死亡后沉降于海底或湖底并被淤泥覆盖之后，氧元素分离，碳元素和氢元素则组成碳氢化合物。已经在地球上发现3000种以上的碳氢化合物，石油是由其中350种左右的碳氢化合物形成的，比石油更轻的碳氢化合物则成为天然气。

二、石油生成的条件

保存沉积物中的有机质需要特定的地质条件。首先要有一个低洼的地质区域，在水的携带作用下，泥沙和有机质在低洼地区沉积下来，根据沉积区域规模的大小，低洼地形分别称为盆地、坳陷、凹陷、洼槽等。随着地壳的运动，低洼地形可以继续接受沉积物，使地层厚度不断增大。

石油生成第二个必备地质条件是缺氧的"还原环境"，要求接受沉积物后的洼地水体能保持封闭或半封闭，或富含有机质的沉积物能迅速被后来的沉积物所覆盖，使之与氧隔绝，防止有机质的氧化和逸散。

三、油气的运移

石油为液体矿藏，石油的诞生地称为生油层，找到油藏的岩层称为储油层。油气在地层中的任何流动都可以称为油气的运移。生油层中分散的油气通过运移可以聚集起来形成油气藏，已经形成的油气藏，在地壳运动或断裂活动的作用下又可以被重新"拆散"，使集中起来的石油再一次分散，有的出露到地面便成为可以被人们观察到的"油气苗"，有的则可以运移到另外的地方重新集中起来，成为所谓的"次生油气藏"。但通常所说的油气运移都是指从分散到集中的运移，包括初次运移和二次运移。

初次运移是指生成的石油从生油层向邻近有孔隙、溶洞或裂缝的地层中的运移。运移的方向是多方位的，可以向上、向下或向四侧。石油聚集的过程，就像是涓涓细流汇入"江河"一样。初次运移的主要动力是地层压力。地层在沉积过程中逐渐加厚，本身重量也逐渐加大。沉积物在这个压力作用下，体积由大变小，已生成的油和气就从生油层中被挤到储油层中。对初次运移来说，运移通道主要是相邻的运载层。

初次运移的油气进入储层以后，到形成油气藏的一切运移统称二次运移。二次运移的主要动力是浮力。浮力来自油气的本身，因为油、气的密度比水小，在水中有浮升作用，当油气进入含水的储油层后，油气就在浮力的作用下朝着高处运移和集中。运移方式指的是运移过程中油气的状态，因为油和气不容易溶于水，除了小部分的油气可以在水中以溶液的状态运移外，大部分油气都是以"油滴"和"气泡"的形式在含水的储油层中进行运移，水就是油气运移的"载体"。对二次运移来说，运移通道主要是孔隙、裂缝和断层。

四、石油的储集

地下岩层为石油的储存提供了一个密闭的空间。显微镜下可以清晰地观察到，岩石是由颗粒和相互沟通的孔隙组成，石油就存在于岩石的孔隙中。储集石油的岩层主要有碎屑岩（包括砂岩、砂砾岩、砾岩、粉砂岩等）、碳酸盐岩、少量的火山岩、变质岩和泥岩等。砂岩是最常见的一类储油岩，它们是由冲积扇或河流自山上冲积而成，或者是被风吹到滨湖和滨海形成沙丘，或者是源于浅海环境中的潮滩和沙坝，或者是源于大陆架附近的冲积扇。另一类岩层是在湖相、礁石和其他海洋环境中形成的碳酸盐岩，如石灰岩、白云岩和礁灰岩等。石灰岩的特点是在水流冲蚀时能与大气中的二氧化碳发生反应被溶解，因此在石灰岩体内形成孔洞，这样的石灰岩被深埋地下就成了很好的石油储集层。

石油的密度通常比水小，而水总是与油共存，因此石油的运移总是向上的，油位于水的上层。尽管石油趋于向上运动，浮在水上并存在于岩层的孔洞中，但它通常被相对致密的岩石所封闭，这层岩石称为盖层。适合作盖层的岩石有页岩、泥岩、盐岩、石膏等，致密的泥灰岩和石灰岩有时也可以充作盖层。盖层要有一定的厚度，分布要稳定且连续，同时盖层还要求不受地壳运动的破坏。如果一个完整的盖层被地壳运动破坏就失去了盖层的作用。盖层的岩石孔隙极其微小，因此它能有效地阻挡石油向上移动，从而在地下形成油气藏。由于地壳的运动，世界各地的石油埋深分布有所不同，埋藏深度浅则几十米，深则达万米。

在地下，凡是能阻止油气运移并将分散的"油滴""气泡"富集起来的地质构造称为圈闭，它就像是一个地下的"储油仓库"，能把油气集中储藏起来。因此，圈闭为油气聚集的基本单元，是石油工作者寻找的主要对象。

圈闭是地质历史过程中由构造运动和沉积作用形成的、能进行油气聚集的场所，大致可分成四大类：由地壳运动形成的隆起，一般称为"背斜构造"，或称构造圈闭；当两套非连续沉积的地层，形成交叉形状，这为"地层不整合"，若在不整合面上，由不渗透的地层起遮挡作用，称地层圈闭或不整合圈闭；当储集层的四周被不渗透地层所包围，称岩性圈闭，还有一种是混合圈闭。

烃源岩中生成的油气并不能完全排出，也不是所有进入储层的油气都能聚集形成油气藏。生油岩生成的大量油气，只有一部分可以聚集形成油气藏，大部分仍然留在生油岩中，还有部分在二次运移中逸散损失。一旦油气进入圈闭以后，最轻的气在上面，较重的油在中间，最重的水在下面，成为一个完整的油气藏。一个大型的油气藏就可以单独成为一个油气田，也可以由多个油气藏组成一个油气田。

石油的发现

何为"发现"？"发现"是指自然界客观存在的东西，被科学家或学者发现。辞海对发现有如下解释：①找到新事物、新规律。如：发现新大陆；发现万有引力。②察觉。如：发现他脸色有点异常。③对自然界客观存在的物质、现象的特性、变化过程、运动规律等作出的前所未有的阐释。发现属于人的认识范畴，是人们发明创造的基础。

石油深埋在地下，如何发现石油？人们通过观察发现，古代地表有些地方有露天的沥青矿，矿里有从地下冒出的黑色液体，俗称"油泉子""油苗"，这是发现石油最原始的方法，这些地区被冠以"石油沟""油砂山""泥火山""油墩子""油泉子"等地名。也有的地方冒出的气体可以点燃，俗称"气苗""鬼火"，这是发现的天然气。人们在挖掘水井、盐井过程中也不经意地发现了石油和天然气。

今天寻找石油天然气资源，利用各种勘探手段了解地下的地质状况，考证地质演变历史，研究地层沉积规律，认识生油、储油、运移、聚集、保存等各种地质条件。探寻石油天然气，发现油气田，主要经过四大步骤：确定古代海洋、河流、湖泊的范围，寻找可能生成油气的凹陷，初步找到潜在层系和区域；综合评价油气地质远景条件，确定油气聚集的有利区带；寻找有利于油气聚集的地质圈闭，开展油气资源评价，钻探查证；探明储油面积，最终搞清油气类型和地质储量，为开发油气资源奠定基础。

随着地质探测和钻探技术的发展，石油工业体系已经形成了一整套的科学手段来探寻地下油气，包括地质勘探法、地球物理勘探法、地球化学勘探法和钻探法。地质勘探法即利用各种地质资料寻找油气田的方法，包括：地面地质观察研究、井下地质观察研究、实验室的测定和研究、遥感资料地质解释等。地球物理勘探法包括人工地震、重力、磁力、电法等，通过资料处理解释寻找油气。地球化学勘探法是建立在有机化学、物理化学和生物化学的理论基础上，利用先进分析仪器的新型勘探方法，通过测定地下油气向地表扩散和渗滤的微量烃类与周围介质所发生的生物化学、物理化学作用的产物，并根据这些产物分布的异常区来预测地下油气藏的存在。

油气勘探发现过程也被划分为区域普查、综合详查、预探、初探、详探等阶段，每一个阶段都有特定的工作内容和工作目标。不同地区的勘探阶段可以不同，同一地区不同勘探阶段的任务也可以兼顾。

为获取油气资源，任何勘探前期地层评价技术都无法代替大量的钻井作业。人类钻孔取水流传数百年。石油钻井是一项利用大型设备、各种流体和复杂工具实施钻凿的过程。今天，油井钻探深度已经突破万米，井身结构也多种多样。

人类从认识石油、寻找石油到利用石油，大致经过寻找、开采、输送、加工四个环节，即石油勘探、油田开发、油气集输、石油炼制。

石油典籍概览

中国是世界上发现和开采石油天然气最早的国家之一,石油天然气的开发利用历史悠久,在许多书、录、志、赋、奏章、私家著述等历史文献资料中,都有详尽的记载。

中国是世界上发现和开采石油天然气最早的国家之一，石油天然气的开发利用历史悠久，在许多书、录、志、赋、奏章、私家著述等历史文献资料中，都有详尽的记载。

中国古代石油典籍概览

从两千年前的秦朝开始，中国古代人民就陆续在陕西、甘肃、新疆、四川、河北、山东、广东、台湾等地区发现了石油和天然气，史书开始出现石油天然气发现和利用的记载。

早在公元一世纪的东汉时期，即有延安、酒泉、库车等地利用石油的记载。《汉书·地理志》："高奴有洧水可蘸。"《水经注》："高奴县有洧水，肥可燃。水上有肥，可接取用之。"

公元1080年，浙江钱塘县人沈括在考察了鄜、延一带出露的石油矿藏后，敏锐地察觉到该地区石油资源的丰富，在1089年创作完成的《梦溪笔谈》卷二十四中有这样的记载：鄜、延境内有石油，旧说"高奴县出脂水"，即此也。生于水际，沙石与泉水相杂，惘惘而出，土人以雉尾挹之，乃采入缶中。颇似淳漆，燃之如麻，但烟甚浓，所沾帷幕皆黑。余疑其烟可用，试扫

▲ 北魏郦道元著《水经注》记载"高奴县有洧水肥可燃"

其煤以为墨,黑光如漆,松墨不及也,遂大为之,其识文为"延川石液"者是也。此物后必大行于世,自余始为之。盖石油之多,生于地中无穷,不若松木有时而竭。今齐、鲁间松林尽矣,渐至太行、京西、江南,松山大半皆童矣。造煤人盖知石烟之利也。石炭烟亦大,墨人衣。余戏为《延州诗》云:"二郎山下雪纷纷,旋卓穹庐学塞人。化尽素衣冬未老,石烟多似洛阳尘。"沈括最杰出、最大的贡献就是发现了石油、命名了石油、定义了石油、预言了石油,可以说是世界上第一位科学认知石油的科学家。

▼ 北宋沈括著《梦溪笔谈》中首次提到"石油"这一名称

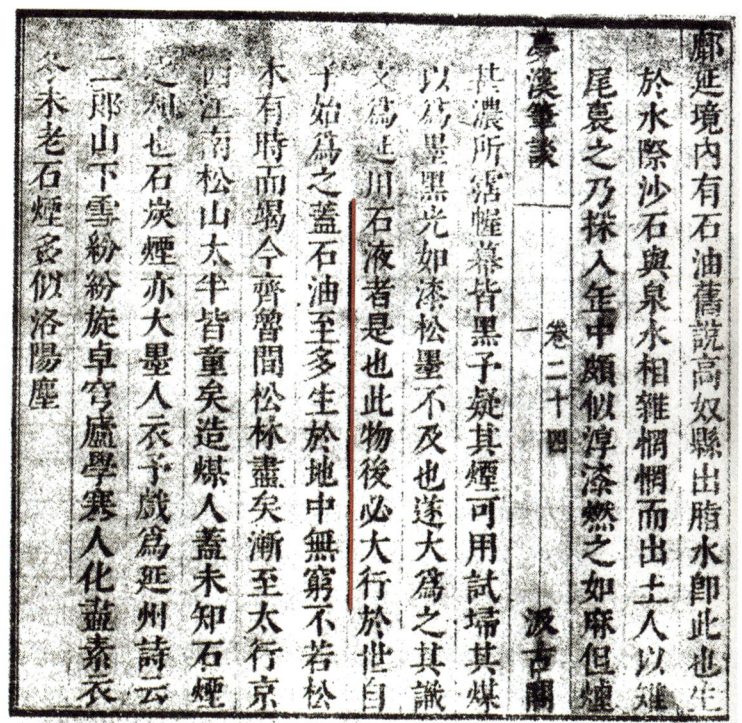

东汉伏无忌《古今注》，东汉班固《汉书》，北魏郦道元《水经注》，记载公元前69年鸿门火井（今陕西神木市，从构造位置看，为鄂尔多斯盆地东北缘）发现并使用天然气。《汉书·郊祀志》：西汉皇帝神爵元年，"祠天封苑火井于鸿门"。《水经注》中说："圁水又东，迳鸿门县，县故鸿门亭。"《地理风俗记》曰："圁阴县西五十里有鸿门亭、天封苑、火井庙，火从地中出。"西河郡在汉时位于今内蒙古与陕西神木市交界一带。

西汉杨雄《蜀王本记》《蜀都赋》，西晋张华《博物志》，东晋常璩《华阳国志》，宋代范晔《后汉书》，唐代李吉甫《元和郡县志》，宋代乐史《太玉寰宇记》，宋代欧阳忞《舆地广记》，宋代欧阳修《新唐书》，明代宋应星《天工开物》，明代杨慎《丹铅总录》，明代何宇度《益都谈资》，明代杨升庵《升庵外集》等，均记载公元前67年的临邛火井（今四川邛崃—雅安一带），发现并使用天然气。《蜀王本记》："临邛有火井，深六十余丈。"《博物志》："临邛火井一所，从广五尺，深二三丈。井在县南百里。昔时人以竹木投以取火，诸葛丞相往视之，后火转盛热。盆盖井上，煮盐得盐。"《华阳国志》："汉宣帝地节三年，又穿临邛、蒲江盐井共二十所，增设盐铁官。"《蜀都赋》："火井，盐井也。"《丹铅总录》："火井在蜀之临邛，今嘉定、犍为有之，其泉皆油。爇之然，人取为灯烛，正德中方出。"

东汉班固《汉书》，北魏郦道元《水经注》，唐代段成式《酉阳杂俎》；宋代沈括《梦溪笔谈》，元代孛兰肹《元一统志》，明代曹昭《新增格古要论》等，均记载公元25年高奴县（今陕西延安境内）发现石油。《汉书·地理志》记载："高奴，有洧水，可燃。"《酉阳杂俎》："石漆，高奴县石脂水，水腻浮水上如漆，采以膏车及燃灯，极明。"《元一统志》中说："延长县南迎河有凿开石油一井，其油可燃，兼治六畜疥癣。岁纳壹佰壹拾斤。又延川县西北八十里永平村有一井，岁办肆佰斤，入路之延丰库。"

西晋张华《博物志》，北魏郦道元《水经注》，唐代李吉甫《元和郡县志》，宋代乐史《太玉寰宇记》，清代赵学敏《本草纲目拾遗》等记载延寿县（今甘肃玉门）发现石油和天然气。延寿《博物记》："县南有山，石出泉水，大如筥（竹/虚），注地为沟。其水有肥，如煮肉洎，羕羕永永，如不凝膏，然之极明，不可食，县人谓之石漆。"文中延寿县古为酒泉郡所属，即今天的玉门地区，山，即祁连山。《元和郡县志》记载："石脂水，在县东南一百八十里，泉有苔，如肥肉，燃之极明，水上有黑脂，人以草盏取用，涂鸱夷酒囊及膏车。"

元代脱脱的《宋史·五行志》记载公元 306 年在范阳国（今河北定兴县）发现天然气。《晋书》记载："范阳国地燃，可以爨。"地燃即天然气冒出地表燃烧的现象。当时范阳位于今河北涞源以东，固安、永清以西，徐水、容城以北，北京房山以南的地区，也就是今华北油田所在地。

唐代李延寿的《北史·西域传》记载公元 420 年至公元 589 年在龟兹国（今新疆库车县）发现石油。"西北大山中，有如膏者流出成川，行数里入地，状如醍醐，甚臭。"

宋代欧阳修的《新唐书·地理志》记载公元 618 年在守捉（今新疆乌苏市）、大都护府（今新疆吉木萨尔县）发现石油。

明代杜应芳《朴续全蜀艺文志》，明代杨慎《丹铅总录》《升庵外集》，明代李时珍《本草纲目》记载 1521 年在四川嘉定（今乐山）、眉州（今眉山）、青神（今仁寿）、井研、洪雅、犍为等地区发现石油。《本草纲目》记载："石油所出不一，出陕之肃州、鄜州、延州、延长，及云南之缅甸，广之南雄者，自石岩流出，与泉水相杂，汪汪而出，肥如肉汁。土人以草把入缶中，黑色，颇似淳漆，作雄硫气。土人多以然灯，甚明。得水愈炽，不可入食。其烟甚浓……此数说皆石脑油也。国朝正德末年，嘉州开盐井，偶得油水，可以照夜，其光加倍。沃之以水，则焰弥甚。扑之以灰则灭，作雄硫气。土人呼为雄黄油，亦曰硫黄油。近复开出数井，官司主之。此亦石油，但出于井尔。盖皆地产雄

回望石油发现井

硫、石脂，诸石源脉相通，故有此物。"

《本草纲目》和明代邓淳《岭南丛述》记载1578年在广东南雄、韶州（今曲江区）发现石油。

清代施鸿保的《闽杂记》记载在台湾诸罗县（今嘉义县）、凤山县（今高雄）发现天然气。

纵观古代文献记录，浩如烟海，对石油天然气的发现、定义、功效、特征、采掘、使用、利弊等方方面面进行了记录，为石油史学研究提供了丰富资料。

近现代石油史专著概览

世界石油史研究范围广泛，包括石油工业史、石油技术史和石油科学史。

1918年6月，张丙昌撰写《延长油矿沿革史》，记述延长的发现、开采、炼制等，由陕西教育图书社出版。

1932年，美国出版的《美国工业史》中第九章为"石油工业"，包括早期的历史、汽车对石油工业的影响，以及勘探、开发、钻井、采油、市场价格、员工、石油法规、公司组成、未来预测等。

1961年，美国石油学会出版《石油工程史》，从能源革命的历史讲起，直到石油钻井和开采各项技术的发展演变，资源评价与保护，油田开发管理的规章制度，油田设备的标准系列等。

1971年，美国出版《钻井史》。以公司、托拉斯、财团的发展为主线的石油史专著有《石油帝国》《七姐妹：大石油公司及其创造的世界》等，以年代为主线的编年史有《石油与天然气工业编年史》《世界石油史年表》等。

1975年，美国出版《石油寻找者的艰苦步伐：石油勘探史》，包括世界各国进行石油勘探的历史和成果，并叙述了石油地质学的产生和发展过程。

1980年，申力生主编《中国石油工业发展史》第一卷——《中国古代的石油与天然气》，系统介绍我国古代人民在发现、利用和开采油气方面的科学技术。由石油工业出版社出版。

1988年，《当代中国石油工业》（1949—1985）由中国社会科学出版社出版，反映中华人民共和国成立至1985年中国石油工业（上游）发展历程、成就和主要经验。

1988年，申力生主编《中国石油工业发展史》第二卷——《近代石油工业》记述从鸦片战争至中华人民共和国成立这一历史时期，中国石油与天然气工业所经历的艰难曲折道路。由石油工业出版社出版。

1996年，十六卷《中国石油地质志》完成全部出版工作，按照当时各油田、勘探局及石油公司所在行政区，并考虑构造单元的一致性，将全国划分为15个油气探区，每个探区编写一卷，单独成册，每册全面论述了本探区的勘探历程、地层、构造、沉积相、油气生成、储集层、油田水文地质、天然气地质、油气运移、油气藏形成与分布以及资源潜力与前景等。另外，松辽、新疆、河南和沿海大陆架及毗邻海域油气区等4个探区，各有上下两个分册，连同总论一册，《中国石油地质志》共计有20个分册，2000万字，6000余幅附图。

1996年，王仰之编著《中国石油编年史》和《中国地质调查所史》，由石油工业出版社出版。

1998年，刘广志主编《中国钻探科学技术史》，由地质出版社出版。

2008年，魏国齐主编《中国天然气地质学进展编年研究》，由石油工业出版社出版。

2008年，《当代中国石油工业》（1986—2005）上下卷，作为《当代中国石油工业》（1949—1985）的续卷，反映20年来陆上、海上石油工业的重要成果、历史进程和基本经验，由当代中国出版社出版。

2010年，徐绍史主编《中国地质学学科史》，由中国科学技术出版社出版。

"井"的起源与演变

汉字中"井"字是什么时候出现的?又是如何演变的?

"井"字考

汉字中"井"字是什么时候出现的?又是如何演变的?井的产生,与古代先民的生产和生活密不可分,远古时代的井,既有用于捕捉野兽的陷阱,也有具灰坑性质的储物井(或坑),还有从"水"字旁的井。

井字的本意就是指水井。井是象形字,甲骨文中的井字为中间是井口且周围用木石构成井栏的形状。已出土甲骨文和金文中,"井"字的记载与现代汉语所使用的井字十分相似。金文在井字的中心增加了一个点儿,即"丼",表示这是水的所在,所以"井"字是一个指事字。井字小篆的形体与金文相同,而楷书则把其中的点去掉,其目的是书写方便,字意相同。

遍查各类辞书、字典、说文解字等有关文字的工具书,其中对井字的解释和记述基本一致,互为补充。井字是个部首字,凡是由井字所组成的汉字大都与井字原始表义有关,如丹、阱等字。井在人们日常生活和工农业生产中都扮演着十分重要的角色,井不仅表示水井,还成为一个具有丰富内涵的文化符号。

(1)凿地取水的深穴,洞壁一般砌有砖石。《庄子·秋水》:

"井蛙不可以语于海者，拘于虚也；夏虫不可以语于冰者，笃于时也。"《易·井》："改邑不改井。"孔颖达疏："古者穿地取水，以瓶引汲，谓之为井。"《荀子·荣辱》："短绠不可以汲深井之泉。"白居易《赠元稹》："无波古井水，有节秋竹竿。"

（2）形状像井架或井的东西，如：天井、矿井、盐井、水井、卤井、陷阱、储物井、沼气井、探井、采油井、注水井、采气井、注气井、水源井、地热井、科学探索井、电缆井、试验井、检查井、枯井、藻井等。

（3）古制八家为井，后借指人口集聚的地方，引申为乡里、家宅。如：背井离乡，市井小人。《司马迁·刺客列传》："臣所以降志辱身，居市井屠者，徒幸以养老母。"陈子昂《谢赋冬衣表》："三军叶庆，万井相欢。"意为举国欢腾，万家欢乐。

（4）井田，我国古代的一种土地制度，奴隶制时代把大片的农田划分为井字形的方块田。《穀梁传·宣公十五年》："古者三百步为里，名曰井。井田者，九百亩，公田居一。"《孟子·滕文公下》："方里而井，井九百亩，其中为公田，八家皆私百亩，同养公田。"

（5）形容整齐划一，有秩序，有条理。《荀子·儒效》："井井兮有其理。"如：井然有序，井井有条。

（6）《易经》六十四卦之一，井卦，巽下坎上。《易·井》："象曰：木上有水，井。""改邑不改井，无丧无得，往来井井。汔至，亦未繘井，羸其瓶，凶。"孔颖达疏："井之为义，汲养而不穷。"

（7）星官名。即"井宿"，亦称"井""东井"，二十八宿之一。

（8）姓。汉代有井宗。

"井"的起源

旧石器时代,最原始的"井"为人们用于捕捉野兽的陷坑。随着新石器时代的到来,农耕文明开始萌芽,人们需要用储坑来储备食物,即灰坑。而当远离河流、湖泊等水源时,人类为了生存,自然而然地就开始有了水井的雏形。陶器、制作精细的石器、绳索等器具的出现,为挖掘水井准备了物质条件,也为从井中取水创造了条件。

《周书》记载"黄帝穿井"。

《史记·五帝本纪》:"又使舜穿井。舜穿井为匿空旁出。舜既

▲《说文解字》中关于"井"字的解释

入深,瞽叟与象共下土实井,舜从匿空出。"说明早在公元前21世纪之前,古代先民已经普遍开始掘凿水井,且井已经掘得较深。

汉代许慎所著的《说文解字》中有注解:"井,八家一井,象构韩形。罋之象也。古者伯益初作井。"记述了生于大禹时代的伯益开始挖掘水井,并且说明井不是井田制度的产物,形象地表明掘进的井是以两根木棒相交为井栏的方井。

考古发现,新石器时代早期的房屋内基内有圆形、椭圆形的灰坑,一般深度一米左右,主要是储存东西的窖穴。到新石器时代中期,房屋周围开始有圆口直壁平底形、大口圆底形、椭圆形、方形等多种形制的竖坑,这类坑也多为储藏物品所用。

河姆渡遗址考古发现一口深1.35米,边长约2米的干式水井。从遗址考古发掘可以清晰地了解这口井的挖掘方法,基本挖掘建井程序是:首先在井筒内壁向下打进木桩,在木桩的内侧支撑以榫卯套接的方木框,用来稳定木桩。在成排的木桩之上,又平放16根长圆木,构成井口的框梁,井口外围则由28根木桩构成圆形的栅栏。

河南汤阴白营山遗址考古发现一口方形水井,井深约12米,随深度加大井筒呈阶梯状缩径,地面井口5.7米见方,井深0.5米处井筒3.7米见方,井底处1.2米见方。纵向看整个水井呈锥形结构,井壁四周用木棒作井字形支撑,每根木棒相交处以榫卯相接。这口井地处黄河流域,建井充分考虑了地层条件和水位情况。该井的发掘,说明当时建井规模和深度都比新石器时代有明显的进步,彰显古代先民的智慧。

钻凿井的起源与发展

一、人类钻凿油气井的历史

人类钻凿油气井的历史，大致可以分为6个阶段，每一阶段都有钻井工艺和工具装备的技术进步，从而引发钻井技术革命。

（1）从远古至11世纪中叶，主要用原始手工工具挖掘大口径浅井，其用途是取水。

（2）11世纪中叶至19世纪中叶，采用竹、木工具和人、畜动力，冲击钻凿小口径深井，主要是采卤水制盐、采天然气。

（3）19世纪中叶至20世纪初，用钢铁制造工具和设备井架，采用蒸汽机作动力，进行冲击钻井，即顿钻，主要是采油采气。

（4）1901年至1948年，经验钻井阶段。近现代机械工业、电子工业发展，直接影响和促进古老钻井工艺的改进，出现转盘钻井、牙轮钻头、钻井液、固井等新技术、新装备、新材料，钻井技术取得长足进步，主要是采油采气。

（5）1948年至1968年，科学钻井阶段。1948年，美国出现"喷射钻井"，标志着钻井技术进入科学钻井阶段。这一时期发展成熟的石油钻井技术包括喷射钻井、平衡钻井、低固相不分散钻井液和最优化钻井。

（6）1968年至21世纪，自动化钻井阶段。钻井进入自动化阶段最突出的标志是实行了全过程的数字化、自动化控制、优化设计和监控。成功研发自动化钻井和自动化井口装置、钻井液机械化处理、随钻测量等自动控制技术、设备、仪器、仪表。研发定向井、丛式井、大斜度井、水平井、多分支井等成套钻井技术以及深井、超深井和海上钻井技术。

二、关于近代石油工业"第一口井"的争论

判断近代石油工业"第一口井"应以历史意义和贡献为标准。世界石油工业史研究过程中,对于哪个国家钻成近代石油工业"第一口井",美国、苏联、罗马尼亚、加拿大等几个国家长期争论不休,主要有以下几种说法:

苏联曾经有人说,业界第一口油井是1848年由沙俄工程师谢苗诺夫在黑海西岸的比比和埃巴德两地边境上钻成,但没有井深和产量等数据以及在石油工业发展中的作用等方面的历史文献记载。

罗马尼亚人说,世界上第一口工业油井是1857年在布加勒斯特以北50千米处的普洛耶什蒂地区钻成。当年生产原油200桶。从此,开始世界原油产量的正规统计,当年全世界产油297吨。

加拿大人说,世界第一口油井是1858年在安大略省南部的奥斯平村用顿钻钻成,井深15米,产量很低。

目前,业界公认的世界第一口工业意义的石油井——美国德雷克井于1859年8月钻成,引发了一场世界能源革命,揭开了世界石油工业的序幕,从此这口井成为世界石油工业开始的标志。德雷克井位于美国宾夕法尼亚州北部油溪区的泰特斯维尔小镇,是用一套钻盐井的设备钻成,动力是一台6马力的蒸汽机,井深约21米,日产原油约35桶。为纪念埃·德雷克(Edwin L. Drake),石油大王洛克菲勒为埃·德雷克在泰特斯维尔小镇铸造了一尊铜像和一块纪念碑,碑文写道:"他无心追求名誉和利

益，仅竭尽自己微薄的力量为这个国家的产业繁荣奠定了基础，他奉献出自己的精力和技术的结晶，而后在这座城市里安眠了。"

▼ 1859年8月美国钻成的德雷克井

三、我国钻凿井技术的起源与发展

我国古代钻井技术最早起源于盐业，对世界勘探开发石油、天然气、岩盐、卤井起到了启蒙、奠基、开创性的推动作用，浩瀚的典籍从不同侧面记录了延绵的油气发现和技术发展史。

英国科学技术史大师李约瑟博士编著《中国科学技术史》和《中国科学传统的贫困与成就》，科学公正地对世界上谁最早发明了钻凿深井技术给出了答案。他在书中写道："今天在勘探油田时所用的这种钻深井技术或凿洞技术，肯定是中国人的发明。因为我们有许多证据可以证明，这种技术早在汉代就已经在四川加以利用。不仅如此，他们长期以来应用的方法，同美国加利福尼亚州和宾夕法尼亚州在利用蒸汽动力以前的方法基本相同……中国的技术工人倾向于四面八方漫游，在公元二世纪的安息（今伊朗高原东北部）和费加那（今乌兹别克斯坦东部）就有中国的冶铁匠和钻井工。"李约瑟共列举了26项中国技术发明，其中钻井技术排在第15项。

自距今4000年的夏商周时代以来，到秦始皇统一中国，井的形制和掘凿技术发生了巨大变化，科技典籍中关于井的记载资料较为丰富，考古也发现了大量的古井遗址和文物，已有多处古代矿井被发掘。

夏商周时代的钻掘井技术，受当时社会条件的限制，既有用于采矿业的钻掘技术，也有处于竖坑脚窝的浅井。在河南偃师二里头村、张家坡居住遗址、河南郑州商城、安阳殷墟的居住区和手工业遗址、河北藁城台西遗址、西周丰镐都城遗址、洛阳西周王城等多处有水井结构考古发现，这些水井和灰坑多以圆形为主结构，椭圆形和方形次之，坑壁为直壁或斜壁，部分井壁上有用工具挖掘时留下的痕迹和脚窝，全部水井都深达地下水位以下。

东周时期，水井的掘凿技术主要有陶制的井壁支护以及利用桔槔机械和辘轳提升等，这两项技术为井加深创造了条件。在村落遗址发掘中，发现房基墙外有排水管道、排水沟等遗迹和水井，水井有预制的陶圈作井壁，也发现有木质或竹质做成的井圈。桔槔机械的结构，是在井口安装支架，以横木作为杠杆臂，用力端较重，一般系石块等重物，另一端则系绳索和陶罐或木桶等容器。

		Approximate lag in centuries
(a)	Square-pallet chain-pump	15
(b)	Edge-runner mill	13
	Edge-runner mill with application of water-power	9
(c)	Metallureical blowing-cngines, water-power	11
(d)	Rotary lan and rotary winnowing machine	14
(e)	Piston-bellows	c. 14
(f)	Draw-loom	4
(g)	Silk-handling machinery (a form of flyer for laying thread evenly on reels appears in the + 11th century, and water-power is applied to spinning mills in the + 14th)	3-13
(h)	Wheelbarrow	9-10
(i)	Sailing-carriage	11
(j)	Wagon-mill	12
(k)	Efficient harness for draught-animals: Breast-atrap (postilion)	8
	Collar	6
(l)	Cro-bow (as an individual arm)	13
(m)	Ke	c. 12
(n)	Helicopter top (spum by cord)	14
	Zoetrope (moved by ascending hot-air cnnent)	c. 10
(o)	Deep drilling	11
(p)	Cast iron	10-12
(q)	'Cardan' suspension	8-9
(r)	Segmental arch bridge	7
(s)	Iron-chain suspension-bridge	10-13
(t)	Canal lock-gates	7-17
(u)	Nautical construction principles	>10
(v)	Stern-post rudder	c. 4
(w)	Gronpowder	5-6
	Goopowder used as a war technique	4
(x)	Magnetic compass (lodestone spoon)	11
	Magnetic compass with needlc	1
	Magnetic compass used for navigation	2
(y)	Paper	10
	Printing (block)	6
	Printing (movable type)	4
	Printing (metal movable type)	1
(z)	Porcelain	11-13

▲ 李约瑟著：《中国科学技术史·26项技术外传》

古代钻探的渊源,不仅与水资源有密切关系,同时与其他矿产资源的开发利用密不可分。铜矿、铁矿等开采多采用矿井,包括竖井、斜井、巷道等。矿石采掘工具有铜斧、铁斧、铜锛、木槌、铁锤、铁钻、铁锄等金属工具,竹筐箕、竹篮、竹篓木斗等装载工具,辘轳、木钩、大绳等提升工具,木槽、木桶、木撮、葫芦瓢、竹篮等排水工具。这些工具的发展和应用,推动了钻探技术的发展。

汉唐时期盐井的规模和深度迅速扩大。盐井的掘凿技术,相比上古时代水井在凿岩工具和方法上都取得显著进步。井架开始广泛使用,多为四角形三层结构,并且安装了定滑轮装置,与现代矿山岩心钻探井架相似。汉代小口径盐井——大井(白兔井),是目前发现的唯一一口汉代生产井,井深53米,井口直径3米,井口以下的松散地层均以木质材料和结构固井。唐代小口径盐井,仅在浦江县发现一口,井位于盐井沟中段,紧邻溪边,井口位于侏罗纪香溪煤系的砂岩中,井口至今保存完好,井口呈圆形,直径1.7米,井深不详。汉唐开凿的最具有代表性的大口径盐井是东汉时仁寿的陵井和晋以后掘凿的狼毒井、井研的南陵井,这些井的掘凿技术包括:钻、凿、铣、锹等铁质工具,"大绞车"提升工具,大口径井支护技术和特殊的井身结构,解决井底有毒有害气体的"雨盘"。

宋代卓筒井工艺技术的出现,堪称中国古代继"四大发明"之后的又一伟大的发明。随着以竹篾绳索冲击式钻探法为卓筒井核心钻探技术的推广和应用,为井盐生产的飞速发展开辟了广阔的前景,同时也为固体矿藏、石油、天然气的探采开辟了道路,为人类开采地下宝藏提供了更先进的技术。

苏轼著《蜀盐说》对卓筒井的钻井方法、器具及生产情况进行了详细的记述："自庆历、皇佑以来,蜀始创'筒井',用圆刃凿如碗大,深者数十丈,以巨竹去节,牝牡相衔为井。以隔横入淡水,则咸泉自上。又以竹之差小者出入井中为桶。无底而窍其上,悬熟皮数寸,出入水中,气自呼吸而启闭之。一筒致水数斗。凡筒井皆用机械,利之所在,人无不知。"宋代卓筒井的出现,是钻探科学技术发展史上具有划时代意义的重大事件。卓筒井采用机械冲击钻方法,由工匠在井口采用简单机械装置钻凿盐井,取代了人挖手掘的大口径井,其主要工序包括:选择井址、平整场地、安装碓架和平车、凿大口、下套管、凿小眼等,钻凿一眼井大约用时3个月,用工500个左右。卓筒井全新的钻探方法,是人类历经千年首创的钻探技术,使人类在地面上直接从事开采和勘探地下矿物资源成为可能,自此才有了真正意义上的机械钻探技术。

明代高超的铁冶炼和铸造技术为钻探工具的发展和进步提供了充足的技术和物质保证。威尼斯商人马可波罗在《行纪》中写道:"其地有盐井,而区盐于其中,其地之人,皆持此为活。"《补续全蜀艺文志》记载:"油井,在嘉定、眉州、青神、井研、洪雅、犍为诸县。居人皆用之然灯。官长夜行,则以竹简贮而然之。一筒可行数里,价减常油之半,光明无异。"又"火井,邛州、蓬溪、富顺咸有之。"钻凿深井、开采卤水技术,代表当时钻探工艺的最高水平,油气生产伴随着井盐的生产而生产,油气井的深度为200米。《盐井图说》中较详细地描述钻井过程,整个过程划分为相井地、立石圈、凿大窝、搧扇泥、下木竹、凿小窝等六道工序。钻探工艺、器具、设施与宋代相比也有了明显的

回望石油发现井

改进,《天工开物》记述:"其器冶铁锥,如碓嘴形,其尖使极刚利,向石上舂凿成孔。其身破竹缠绳,夹悬此锥。每舂深入数尺,则又以竹接其身使引而长。初入丈许,或以足踏碓梢,如舂米形。太深则用手捧持顿下。所舂石成碎粉,随以长竹接引,悬铁盏挖之而上。大抵深者半载,浅者月余,乃得一井成就。"这一时期,修井工具也取得了长足进展,随着撞子钎、铁五爪、搅镰、搜子等修井工具和技术的出现,基本可以解决当时井下事故的处理,标志着明代修井技术的进步。

清代乾隆时期富荣盐场在自流井区钻成一口井深513米的老双盛井,嘉庆二十年(1815年)钻成一口井深799米的桂咸井,道光十五年(1835年)钻成深达1001.42米的燊海井,这是世界上第一口超千米的深井,这口井的钻探成功,表明深井钻井技术日臻完善,自流井井盐生产进入迅速发展时期,促进了深层天然卤水、天然气和岩盐的钻探和开发。

清代井盐钻井技术在四川自贡地区获得了重大的技术突破,开辟了现代钻井之先河。设计制造了新型钻凿工具,包括鱼尾锉、银锭锉、双马蹄锉、单马蹄锉。新型修井工具包括蒲扇锉、银锭锉、活偏尖、五股须、八楞子、桐梓银锭锉、羊蹄子、空心滚龙镙子、霸王鞭、搧泥筒、吊脚提须、针鼻子转槽子、梭皮、竹箆。

清代随着盐业的发展和繁荣,钻井工艺日臻完善,工序更为细化和系统化,形成了我国完整的古代钻井工艺技术。《四川盐法志》载钻井工艺流程:"布井位(相井)、开井口、下石圈、凿大口、下木竹、凿小口、见功。"与钻井工具配套的另一设备就是井架,清代的井架设计巧妙、结构科学,高达40余米,运用现代力学原理，由小型发展到中型井架。同时，修井工艺形成配套技术，包括：打捞工具与打捞技术、测斜和纠正井斜的工具和方法、修理木套管与掏井技术、治理井孔扩大（超径）的工具和方法、特殊修井钻头等。

中国近代第一口石油井——苗一井

苗一井,采用近代钻机钻成的台湾苗栗出磺坑第一口油井,标志着中国近代石油工业的开端,被记载在中国近代石油史的首页。

1817年,台湾苗栗出磺坑居民吴琳芳于后垅溪岸边岩石缝隙中发现有油迹渗出。

第二次鸦片战争后,中国政府被迫开放台湾府和淡水;咸丰十一年(1861年)和同治二年(1863年),又被迫开放基隆和打狗两地。这期间,在台湾苗栗后垅溪出现了土法采油,中国近代石油工业在台湾苗栗出现,诞生了具有近代工业意义的中国第一口油井。

一、逃犯邱苟在苗栗发现油苗

咸丰元年(1851年),台湾道淡水厅通事、广东人邱苟犯杀人罪后潜逃到苗栗县出磺坑,在深山中藏匿起来,躲过了官府的缉拿。邱苟精通原住民语言,很快便融入原住民社会中并生存下来,原本应当和当地原住民一样,无声无息地自生自灭在深山里,远离社会,远离官府,但一个无意中的惊人发现让历史记下了邱苟。

咸丰十一年(1861年),邱苟路过出磺坑后垅溪,偶然间发现溪水上漂浮着厚厚的一层油花,这引起了他的兴趣,好奇地停下脚步观察油花的出处,他发现油花就是从溪边的泥土中渗出,但不知油花是何物。看着油花,他灵机一动,何不点火试一试,他找来一个木棍做成火把，点燃后试着引火到渗出的油状物上，嘭的一声，油花燃起火来，水面上冒着热气。这是火油，他发现了火油，兴奋极了，在出油点挖开一个三尺深的坑，坑里很快就渗满了黑色的石油。邱苟发现了石油。也不知是上天的馈赠，还是大地的回馈，历史就是这样，让一个有知识、有头脑的逃犯在深山里发现了石油。凭着这一发现，邱苟发达起来，他了解了石油的用途，可以照明用，亦可医用，他在第一坑附近又挖掘了两个坑，把采出的石油向原住民出售。

同治三年（1864年），邱苟将石油的经营权先后出租给一位吴姓商人和英国人开办的宝顺洋行，不久，两个租户为争夺经营权发生械斗，血溅苗栗，险些酿成命案。淡水厅闻讯派兵进山平乱，发布告示禁采石油，并缉拿邱苟。同治九年（1870年），邱苟被正法。

伟大的事件常出于偶然，历史人物在时间长河中悉数登场。尽管邱苟是个蝇营狗苟的逃犯，但基于他的惊人发现，也算是在历史上留下一笔。

二、苗栗出磺坑油矿收归官办

同治十三年（1874年），日本为侵占台湾，以琉球船民遇台风漂流到台湾，被台湾原住民误杀为借口，出兵侵台。此时，沈葆桢在福建任船政大臣，清廷便派他为钦差大臣，兼理各国事务大臣，赴台办理日本侵台之事。正是由于沈葆桢在台湾的领军作用，使日本没有达到占领台湾的目的。沈葆桢在抵御日军的同时，也开辟了台湾的近代化工业之路。

光绪元年（1875年），沈葆桢改任两江总督，督办南洋海防，包括台湾防务。沈葆桢到达台湾后，得知邱苟曾在苗栗出磺坑后垅溪发现并出售石油一事，遂主张收归官办。此时，美国向中国销售煤油，并垄断了中国市场，至光绪二年（1876年），进口量已达90万加仑。两江总督管辖上海，沈葆桢对煤油进口情况了如指掌，对世界开采石油的情况也有所了解，便向丁日昌提出官办油矿开发苗栗石油的主张。

光绪二年（1876年），福州将军兼闽浙总督文煜与福建巡抚丁日昌联名上奏朝廷，陈述开发石油之利，并说明雇请洋人、购买洋机器开办油矿的具体安排。奏折中说："硫磺、磺油（石油）、樟脑或为军火之用，或为民间所需，物既产之于天，货即不宜弃之于地，近者异类无厌之求，日以益肆，及今不取，彼又疑心。"他们在奏折中还提出："浚利源而弥外患。"

光绪三年三月三十五日（1877年4月28日），福建巡抚丁日昌为开办苗栗油矿再次上奏朝廷，奏折中说道："据查淡水属中琢山地方有井一区，磺油与泉水井从石罅流出，土人盛与木桶，另由桶底开窍放水，尽则全为油，其色黄绿，与洋油相垺。井之左右有十余窟，亦有油浮水面。其附近四五里，有小沼数处，望之则似沸汤，即之仍为冷水，引以火则烈焰飞腾，势难扑灭。询之土人，云该处现在自出之油日不过五十斤，而洋人前曾有云：此油若用机器开钻，日可得百担左右。现已饬该道先行购买小机器一付，并雇一熟悉洋匠前来钻试开办，庶可冀出油日多，获利日厚。"清廷光绪皇帝准奏开办台湾石油后，丁日昌饬基隆矿务局道员叶文溯办理，后又交给唐廷枢开办。唐廷枢找到他香港马礼逊教会学堂的同学、美国副公使容闳帮助，联系到钻井技师简时与助手洛克，并购买了价值3万美元的钻井设备，钻机为当时最先进的顿钻钻机，钻机动力为蒸汽机。

为了组织钻探队进行钻探，台湾道台转托上海的美国商人布朗，雇请两名美国技师，并草签雇佣协议。协议规定，简时赴台湾办理开采油井事务，洛克系随同办事，均以一年为期满，简时年薪为3000美元，洛克年薪为1200美元；到台后饭食每人每月50银圆，均由中国官方发给；若不满期而返即不给，薪水亦停；所有开井取油工夫，务须自尽其力，认真办理，不得无故旷工，一切均须与中国地方官员妥为商酌。所用学徒工匠等人，并尽力教导；如有病患，医药系自行料理；如有不尊，告知委员责罚，不得凌辱。1877年9月12日，简时与洛克搭上来中国的轮船，历时3个月，于12月10日到达出磺坑后垅溪油苗地点，与中国台湾当局签订合同后开始工作。

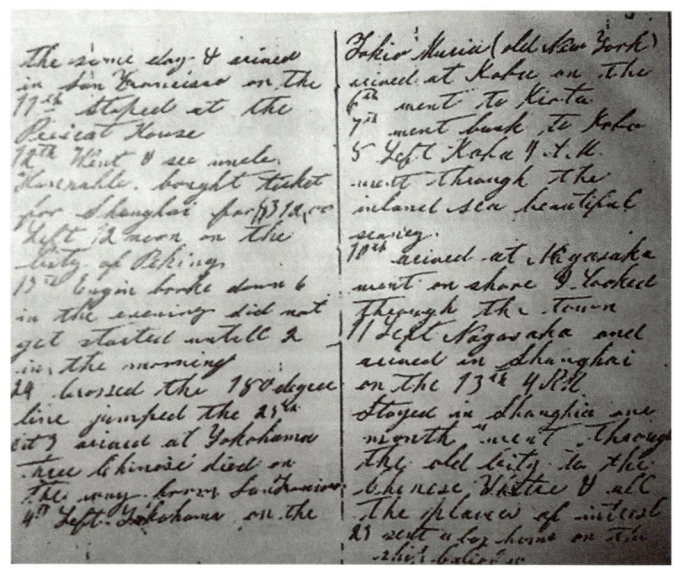

▲ 美国技师简时来台前后日记影印件（部分）

三、中国近代第一口石油井诞生

简时抵达台湾后，就开始为钻井采油工作做准备。为了将蒸汽锅炉搬运到井场，助手洛克还专门设计制造了三头牛拉的车。1878年3月15日，第一批设备到达台湾后垄港，5月12日，设备搬运完毕。

简时确定了第一口钻探井位，井位定在与苗栗县公馆乡出磺坑后垄溪相距5千米远的猫里社的一个山坡上。

《海关册》记载了苗一井钻探的工作情形。1878年6月6日，苗一井开始钻探，钻探的第一步是架起起重机。架好之后，立刻就把周围的泥土搬走，直到出现坚固的岩石为止。第二步是钻通这个岩石，然后插入一根管子，并用一把大木斧尽可能地把管子打下去。然后放进一只7.5英寸的钢钻，于是就在管子里面进行钻动。大约在20英尺（6.1米）就遇到淡水，再往下钻160英尺（48.8米）就得盐水，水经堵住后，继续再钻入100英尺（30.5米）时，又遇到水。在深达380英尺（115.8米）之处找到水和油，钻遇油层。钻到394英尺（120米）时，由于大量泥土陷入，需要过多的工作，钻探便停止了。接着便下油管完井，开始取油，日产原油约15担（0.75吨）。这口井是中国用近代钻机钻成的第一口油井，在115.8米处钻遇油层，并获得油流，从开钻到见油，历时一个月。采油工作大约也进行了一个月，共生产石油约400担（20吨），其中100担卖给当地榨蔗户作糖棚照明之用，其余300担存放在后垄溪。

中国近代第一口具有工业意义的油井诞生，自此发现苗栗油矿，被记载在中国近代石油史的首页。用近代钻机钻成的台湾苗

▲ 1878年建成的台湾苗栗油矿

栗出磺坑第一口油井，标志着中国近代石油工业的开端。苗一井之所以成为中国第一口石油井，综合考虑了以下判断标准：史料明确记载，包括钻探人员、钻探过程、钻探设备、钻探动力、钻探时间等。美国人简时与洛克来台这一史实，中国台湾中央研究院近代史研究所存有钻井技师洛克的原始日记及相关文件，包括与台湾当局签署的合同书、支付薪水证明、台湾淡水海关1877年、1878年年报记载。顿钻钻机和蒸汽轮机的使用表明此井已经迈入近代工业的范畴。1878年之前中国全境无使用近代工业机器钻井的记录。由此判断，台湾苗栗出磺坑的这口井是我国近代石油工业的开端。

为记录台湾百年油矿开发史，1990年，台湾苗栗建成"台湾油矿陈列馆"，馆内展示台湾中油公司油矿探勘总处早期的文献及相关部门包括测勘、钻井、生产采收、海域勘探、油气处理等作业流程，以及专用器材、古老器具和老照片，系统展示了出磺坑石油开发历程与成果。陈列馆正对面，竖立了一座钻井施工雕塑。

▼ 台湾油矿陈列馆

▼ 台湾油矿陈列馆钻井施工雕塑

回望石油发现井

　　为纪念台湾开发石油发源地，建成一号井纪念公园，公园内陈设一具橘红色抽油机，一旁立有铭文石碑，简述出磺坑的历史沿革。

▲ 台湾苗栗出磺坑一号井抽油机

　　为纪念台湾第一口油井，出磺坑矿场正门立纪念碑一座，记述油矿发现始末。2001年，立于后垅溪旁的边坡的出磺坑第一号油井纪念碑移至溪畔出磺坑矿场道路旁边。

　　2018年1月27日，第一批"中国工业遗产保护名录"发布，苗栗油矿位列其中。

中国近代第一口石油井——苗一井

▲ 台湾苗一井纪念碑——出磺坑第一号古井

中国陆上第一口石油井——延一井

延一井,中国陆上第一口石油井。延一井的诞生使中国石油工业发展迈出了标志性的一步,有着不可磨灭的历史功绩。延长油矿被称为"中国石油之母""石油圣地",石油界的"黄埔军校"。

延长油矿的石油点亮了延安窑洞的灯火,延安窑洞的灯火照亮了中国革命的航程。

延长,位于陕西省北部、延安市东部,主要河流有黄河和延河,也正是这座黄土高原上一个典型而又普通的小县城,有着丰富的矿产资源,诞生了中国陆上第一口油井,这里成为中国石油的发源地,也是中国人第一次使用国产石油的产地。

光绪二十七年(1901年),中国进口煤油已达42.47万吨,每年1500万两白银外流以实现"一进一出"的商品交换。

石油之于中国,何等重要;石油之于陕甘宁,更是重要。随着进口煤油量的逐年上升,国内有识之士对开发国内石油的呼声越来越强烈。陕西巡抚曹鸿勋等提出:"以延长煤油与外国煤油争衡。"延长石油"非速自办,不能杜外人之觊觎。"陕西商绅还曾提出设立陕西商办石油公司,"以中国之财力,开中国之利源"。

光绪二十一年(1895年),德国人到延长调查石油,开采延长石油是近代中国石油工业的发端。《清史稿·矿政》提到:"石油则陕西延长、甘肃玉门、新疆库尔喀喇乌苏。"连同其他矿产,"或官办、或商办、或官商合办。"

光绪二十九年(1903)六月,德国水师提督汉纳根和德商世昌洋行委托陕西大荔县人于彦彪到延长商谈开采石油相关事宜,于彦彪与延长贡生郑明德、刘德馨、宋金声及廪生郑肯堂等人合伙与汉纳根、世昌洋行私自签订了开采延长石油的合同。德商世昌洋行企图开采延长石油的野心极大地刺激了清朝官方，使其对开采延长石油的紧迫感和危机意识大为增加。陕西省布政使樊增祥力斥其非，并请巡抚升允上疏，力主自办。樊增祥还下拨赈余款银20万两作为开办资本。

　　光绪三十年（1904年），延长石油引起官方重视，延长知县余元章向陕西省巡抚曹鸿勋提出考察报告，曹鸿勋遂奏请清廷试办"延长石油官厂"，十月奉谕允准。

　　光绪三十一年（1905年）初，外务部批准陕西省自办延长石油，陕西矿务局开始筹备延长石油官厂。曹鸿勋派候补知县洪寅为延长石油官厂"总办"，赴湖北汉口购置机器，办理聘请专业技术人员和化验石油样品等事项。洪寅带着10余斤原油来到汉口，请日本化学博士稻井幸吉及其门徒阿部正治郎化验，分析化验结果表明原油成分特佳，遂聘请阿部正治郎到陕西勘察。阿部正治郎到达延长后，踏勘了烟雾沟、蓼子原、胡家川等地的油苗，先后考察了县城西门、东门、南门外三口人工挖掘的旧井，取回原油提炼，大约10斤原油可分得灯油6斤，其油质"胜于东洋，能敌美产"。曹鸿勋看到关于这次调查的考察报告后批复说："据禀已悉，该处油质既美，油苗亦多，以北山极脊极苦之区，且得此不涸不穷之利，断无不办之理。独是该处石工甚少，开采维艰，其难一；水涨易淹，宜筑堤坎，其难二；运路不通，其难三。三者之外，未虑及未道及者，正复不少，大抵皆非筹得巨款，不能成其事。"十月，曹鸿勋会同陕甘总督升允向清朝政府上书《试办延长石油筹修车路以兴利源而资转运》的奏折，十月二十二日（11月8日）光绪皇帝朱批："商部知道。钦此。"

◀ 建立于光绪三十三年（1907年）的延长石油厂

针对曹鸿勋提出的三难，延长知县沈锡荣认为只要进行工作，三难可以转化为三不难，唯运路一节，主张立即委员查验，派人修筑。随后，陕西省特拨防军，分段修筑金锁关至延长的马车道，历时一年修通，保证了从日本购买的机器和炼油设备顺利运到延长。

洪寅通过阿部正治郎和稻井幸吉向日本购买钻机，聘请技师工作也随之展开，同时，陕西省政府派又云飞等4人赴日学习石油工程技术。次年，从日本新潟购买汽动顿钻机1套及炼油设备，聘请日本技师佐藤弥市郎，技手田中久造、阪垣仓吉、入泽弥三郎、田内启作及铁工栗林时太郎，木工赤川寅吉，并签订6个月的合同。佐藤弥市郎等人于1907年2月到达延长，购买的第一批机器亦同时到达，4月安置。

▲ 延长石油厂木制顿钻钻机

延长第一井井位勘定在延长县城西门外，1907年6月5日进行钻机和汽机试运转，次日为开钻烧钻子，6月7日正式开钻。由于洪寅办事得力，成绩卓著，曹鸿勋委任洪寅为延长知县兼办延长石油事务。由于日本技师的合同将满，为继续钻井，以竟前功，洪寅与日本技师续订6个月的合同。在合同导言中说："大清国陕西延长知县洪寅，今因延长石油厂办理将及一年，虽厂已筑，机已设，井已开，而油尚未出，提取制炼，尚需时日，技师佐藤弥市郎，将次期满，经洪寅续约留办。"合同除规定待遇、期内不得辞退等外,还规定"技师留办、以半年为限,技手原订六人,今因工粗就绪,拟减用三人……而以华工辅之"等。

1907年9月10日,延长第一井钻至243尺(81米)见油,12日投产,采得原油1吨。13日、14日连续日产原油1.5吨,以后因无槽装油而歇工。1908年8月,陕西省石油总局成立,延长石油官厂为积极扩大产量,在井中下双管汲油。这口井出油后,就近在井场开始用小铜釜试验提炼,不久炼油房竣工投产,装14箱煤油运往西安销售。对此,《延长油矿略史》写道:"井既见油,寄省呈验,不逊外油。一时内外播扬,腾誉社会,延长油矿之名,遂著全国。"

1934年,延一井枯竭,28年的时间里累计产油2550吨。1978年,延一井加深至118米,压裂后继续产油,日产量增至2吨以上。1985年再加深至152米,采油设备也由原来的橹台机器变为新式抽油机,日产量增至3吨。1997年,停产保护。

▲ 中国陆上第一口油井纪念碑

回望石油发现井

延长第一井是中国大陆近代第一口油井，史称延一井，标志着中国石油工业的开始，结束了中国大陆不产石油的历史，填补了中华人民共和国成立之前民族工业的一项空白。延一井被人们称为"母亲油井""功臣油井"，也有"祖母""鼻祖""始祖"之美称。延长油矿被称为"中国石油之母"、石油界的"黄埔军校"，延长也因此有了"石油圣地"的美誉。

延长石油的历史是中国石油的发展史，也是一部中国石油工业自力更生、艰苦奋斗、经过战火考验的创业史。延一井的诞生使中国石油工业发展迈出了标志性的第一步，在中国石油发展历史上有着不可磨灭的历史功绩。

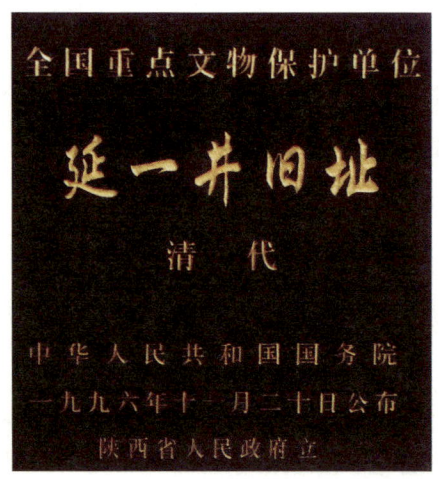

▶ 1996年延一井被国务院列为全国重点文物保护单位

1935年4月，刘志丹率领中国工农红军解放了延长，5月，延长石油官厂更名为延长石油厂，归属陕甘宁边区政府，10月，任命严爽为延长石油厂厂长，高登榜为特派员（党代表），迅速组织恢复延长、永坪两地的生产，将永坪采出的原油用毛驴驮运到延长炼制，炼出了煤油、擦枪油、蜡烛、石墨等产品，供应党中央机关和红军各部队。

　　1938年7月，延长石油厂改隶属中共中央总后勤部军工局，厂长张永青和工程主任陈振夏发动职工，组织生产。1941年12月，陈振夏任延长石油厂厂长后，决定在七里村构造进行钻探。1944年5月，陈振夏被评为陕甘宁边区工业战线特等劳动模范，毛泽东亲笔为陈振夏题词"埋头苦干"，这是毛泽东为石油战线的唯一题词，边区政府为陈振夏颁发了书有"苦心精营、成绩卓著"的奖状。抗日战争和解放战争时期，在边区政府的支持和关怀下，延长石油厂克服重重困难，恢复扩大了生产，炼油房日夜生产加工炼制轻油（擦枪油）、石蜡，赶制蜡烛送往延安，后提炼煤油，试制印刷用的油墨，在轻油中熏收烟墨，大批的石油产品有力地支援了抗日前线，被誉为"功臣油矿"。

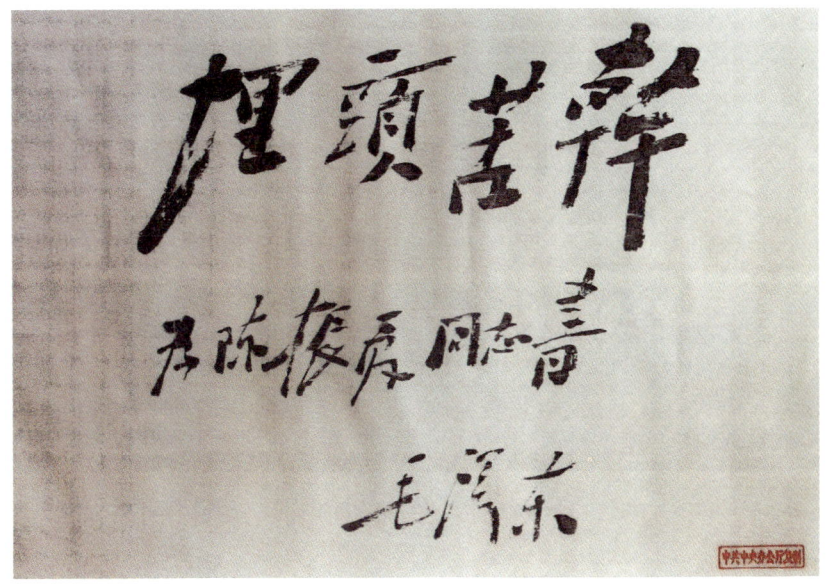

▲ 毛泽东为陕甘宁边区工业战线特等劳动模范陈振夏题词

回望石油发现井

1951年,延长石油厂更名为延长油矿。此后,延长油矿为全国石油工业输送了数以千计的技术管理人才,延长油矿也不断发展壮大,为中国石油工业做出了巨大贡献。今天的延长石油,已经成为国内第四大石油公司,年产原油超过1000万吨。

延一井,在中华人民共和国成立后与学校结下了不解之缘。20世纪50年代,延长县政府为解决孩子们的上学问题,在延一井所在地建立了延长县西门外小学。1995年,中国石油天然气总公司、长庆石油勘探局、延长油矿管理局共同出资对西门外小学进行扩建,一幢新颖别致的大楼拔地而起,学校更名为"延长石油希望小学",校名由时任中国石油天然气总公司总经理王涛题写。

▲ 延长石油希望小学

1985年10月,时任国务院副总理、石油工业部部长康世恩为延一井题字:中国陆上第一口油井。1987年,延长油矿管理局在延一井抽油机旁竖立纪念碑,康世恩的题字被镶刻在黑色的长石碑上,以志永远。

1996年,延一井被国务院列入全国重点文物保护单位;1997年,延一井被国务院命名为"中华之最"。

2005年,根据延一井历史风貌,恢复小铜釜式抽油提炼工艺流程,建成世人了解中国石油历史的一个重要窗口。

玉门油田发现井——老一井

　　玉门，中国石油工业的摇篮，石油人心中的圣地，老一井静静地依傍在老君庙旁，与庙堂上的太上老君朝夕相伴，凭时光飞逝、岁月流淌，也掩不住那梦想的光芒。这里留下了一大批实业家、大学者、创业者的足迹，这里也走出了一大批石油英才，这里是试验田，这里是大学校，这里是大研究所。这里出产品、出经验、出技术、出人才。这里建成了新中国第一个现代石油工业基地。

玉门，中国石油工业的摇篮。

玉门，位于甘肃省境内，南依巍巍祁连山，北临赤金峡山、宽台山、黑山，东望嘉峪关、文殊山，西通安西、敦煌，是连接西域、拓疆运兵的交通要冲，古丝绸之路的必经之路，历来有"塞垣之襟带，车马之通衢"之说。这里地处高原，大部分地区为丘陵、戈壁，地表砂土干裂、砾石裸露，干旱少雨，植被稀少，祁连山脊北坡终年积雪，四季不分明。就是在这样一片神奇的土地上，地下蕴藏着丰富的宝藏，尤以石油最为丰富。

玉门，是一个神奇的地方，吸引着世界各地的地质家前来探险考察。这里留下了一批批实业家、大学者、创业者的足迹，也走出了一批批石油英才，这里是试验田，这里是大学校，这里是大研究所。这里出产品、出经验、出技术、出人才。

玉门的石油河，可以说是老君庙油田发现的指引。玉门老君庙油田，石油人心中的圣地，在这片史籍载有石油、河水中淌有石油的西北荒凉之地，播下了石油先驱们最初的石油梦想。

中国现代石油工业的发源地——老君庙，就坐落在玉门石油河的东岸。老一井，即老君庙油田一号井，也是玉门油田的发现井，她静静地伫立在石油河畔，与对岸的窑洞隔岸相望，任凭河水奔流、黄沙激荡，依然带不走老一井碑雕石刻的功勋。老一井静静地依傍在老君庙旁，与庙堂上的太上老君朝夕相伴，凭时光飞逝、岁月流淌，也掩不住那梦想的光芒。

一、地质探险考察，播种石油梦想

早在19世纪末，俄国地质学家、地理学家奥勃鲁契夫就曾考察了祁连山，调查酒泉玉门的地质情况，对酒泉和祁连山一带的地质情况进行了简单描述，将祁连山主要变质岩系定为"南山系"。此后，地质调查考察接二连三，德国人福特、俄国人科什洛夫、比利时人林辅臣等对西北地区开展地质调查活动，考察路线主要是马鬃山至新疆一带，并采集油样进行化验。1921年翁文灏、谢家荣调查玉门石油，谢家荣撰写了《甘肃玉门油矿报告》，刊登在1922年出版的《湖南实业杂志》上，其中提到"石油泉附近地质构造确为一背斜层；地层中属于疏松砂岩厚者达数米，足能蕴蓄油量；松质砂岩之上下，时有致密红色页岩，足以阻止油液之渗透"，对玉门表现出极大的兴趣。1928年12月，张人鉴到玉门，对赤金堡、白杨河石油矿进行地质调查，并采取从油泉中渗出的油样进行化验，证明油品性质极好，具有开采价值，他还对采炼石油提出了具体的计划和实施方案："以探矿为初步"，"矿量确定后，再设法开凿油井，并建筑冶炼石油厂"。至20世纪30年代，地质考察更加密集，尤以孙健初组织的考察为重。

1937年10月，一支神秘的驼队又踏上了玉门这块神奇的土地，中国煤油探矿公司筹备处一行人组成西北地质矿产试探队，成员有中央地质调查所孙健初、金城银行史悠明、美国伊利诺伊州地质调查所地层学及古生物室主任约翰·马文·韦勒博士

▲ 1937年孙健初（左）、韦勒（中）、萨顿（右）
赴西北调查玉门石油

（John Marvin Weller）和工程师威廉·萨顿（William Sutton），史悠明任队长，对青海柴达木盆地，甘肃永登、永昌、敦煌以及玉门石油河、干油泉、石油沟等地进行石油地质勘查。韦勒、萨顿、孙健初三人于1938年2月在陕西西安共同完成了《中国西北甘肃、青海两省地质考察报告》，报告全文136页，文中插有地质图8幅，报告附有23幅地质剖面图和1张玉门石油河背斜构造五万分之一的地质图，以及石油河、弓形山、干油泉油苗等多幅图片。孙健初认为，玉门一带是"煤油将来之希望"，他们把考察结果向有关部门作了详细汇报并建议尽早开发玉门油田。

二、设立甘肃油矿筹备处，初定勘采工作计划书

1937年抗日战争爆发后，我国东南沿海地区先后被日寇占领，进口石油的各种渠道几乎全部中断，断绝了洋油来源，一向

回望石油发现井

依赖进口石油产品的国民经济几近崩溃，缺油已经到了"一滴油一滴血"的严重程度。当时，在只有延长石油厂产油的形势下，开发国内石油资源的呼声日益高涨，于是国民政府下决心要在有油苗露头的甘肃玉门老君庙一带探采石油。

经翁文灏、钱昌照等奔走斡旋，1938年6月12日，为满足抗战军需，国民政府经济部资源委员会决定在湖北汉口设立甘肃油矿筹备处，组织勘探开发玉门的石油资源，并任命曾任陕北油矿勘探处处长的严爽为筹备处主任。1938年9月，在美国考察石油工业的严爽奉命回到重庆，就任筹备处主任后，即刻前往甘肃酒泉，着手开展开发玉门油矿的各项准备工作。

1938年底至1939年初，严爽、孙健初、靳锡庚和工人刘万才、宿光远、邢长仲、刘兴国等到玉门老君庙进行石油地质勘查工作。1938年12月4日，孙健初带队到达甘肃酒泉，22日准备停当，携带蒙古包、帐篷、测量仪器、干粮、水等，带着几名工人和向导，由22峰骆驼组成的驼队向玉门老君庙进发，穿过大漠戈壁，穿过祁连雪山，一路上顶着凛冽寒风，历尽千辛万苦，经过4天的艰苦跋涉来到甘肃河西走廊西北端的石油河畔，这里海拔2400米，他们在祁连山下的老君庙旁安营扎寨，开始野外踏勘。随后对石油河、干油泉、三撅湾、石油沟、夹皮沟等有油苗的地方进行地质调查和石油勘测。靳锡庚负责测量地形，绘制地形图，孙健初负责地质考察，填制地质图。经过近6个月的调查，完成了野外勘探工作，查明了这一地区的生油层、储油层和地质构造等，并进行了区内的地层划分，提出详细的钻探计划和钻探井位，1939年10月，完成了《甘肃玉门油田地质报告》，肯定这里将是一个很有开采价值的油田。

在野外踏勘了解地质情况后确定了钻探区域,并"勘定钻眼地位"。严爽随即制定了《甘肃油矿民国二十八年(1939年)度工作计划书》。他在计划书中关于钻探一节写道:钻探"拟分石油河、干油泉、三撅湾、小石油沟四区进行,先从石油河着手,逐次向他区发展";"各处钻井数目当随时依据钻探结果而定,现暂规定石油河与干油泉各三井,三撅湾二井,均在背斜层之南冀,小石油沟二井,在断层线南1500米。井之深度预计500米至1500米。"这个计划所提出的钻探区域,均在今玉门油田范围以内。

三、修路调物质,全力为钻探做准备

由于资源委员会没有钻探设备,1938年6月18日,国民政府资源委员会致函第十八集团军驻汉口办事处,介绍甘肃油矿筹备处代主任张心田商谈拆迁延长石油厂两部钻机问题。第十八集团军驻汉口办事处处长钱之光经办此事,请示周恩来,周恩来从抗战大局和民族利益出发,当即表示:"同心为国,绝无异议,同意拆迁。"钱之光于6月20日以总守第255号文函复资源委员会,公函写道:"案准贵会六月十八日(密矿字第三一三号)公函敬悉。派甘肃油矿筹备处兼代主任张心田先生赴陕北办理移送油钻机甘西间使用,准此。除商准周恩来同志,介绍本军驻陕代表林伯渠同志,于张主任到陕时,就近照料一切,并转电延安陕甘并转电延安陕甘宁边区政府外,相应复函。"1938年8月1日,张心田前往延安,到达后,高岗、萧劲光接见了他,八路军后勤部军工局副局长李强就调用钻机问题与张心田进行了协商。张心田在延安备受优待,拆迁钻机的事进行得非常顺利,从钻机到原

动力设备，从钻头到钻具，都一一配备齐全，延长还选派了熟练钻井技术工人杨邦福、徐成华、郑方兴、郑方祥以及锻工、木工等10多名工人，随钻机一同去玉门，以便钻机一到便可以安装开钻。八路军总部还派出13辆汽车负责运送设备和人员，10月28日，陕北拆运的钻井设备离开咸阳经兰州转运至玉门。

▼ 军办事处致国民政府经济部资源委员会的公函

为使钻探计划及早实施，油矿筹备处一方面组织先到矿区的探勘人员测绘地质地形图和勘定井位，另一方面迅速将在兰州的筹备处临时办公室人员集中至酒泉，加强了筹备处机关的力量，便于组织钻探器材、建筑材料、生活物资的采购调运工作。从1939年1月中旬开始，从各地调集、招雇的员工和民工陆续进入矿区，从延长拆运来的钻机以及其他器材、建筑材料、生活物资也陆续运抵。开始修筑全长30多千米、从甘新公路的火烧沟至矿区的公路，此公路由玉门县政府动员民工于1939年1月修竣。在矿区修筑石油河河岸至河谷的盘旋公路，平整井场，建造井架，安装钻机、锅炉，布置机厂，修筑临时厂房、工棚、宿舍及其他生活设施的工作也陆续展开。

▲ 延长油矿钻机转运玉门油矿

四、老一井钻探成功，石油见曙光

延长石油厂将两台完整的顿钻运往玉门，随之前往的还有一批熟练的钻井技术工人。依靠这两台顿钻和钻井工人，在玉门老君庙成功钻出一号井,从而揭开了玉门油田勘探开发建设的序幕。玉门油田的出油,打破了当时只有延长石油厂产油的被动局面,为抗日战争提供了更多的石油产品,为石油工业发展做出了不可磨灭的贡献。

1939年3月,甘肃油矿筹备处成立老君庙井场,负责钻井和采油工作,由严爽出任矿长,孙健初任地质师,靳锡庚任技术员。

根据玉门矿区的地质条件和从陕北拆运来的顿击钻机的钻深能力(200米),严爽决定按计划首先钻探石油河区域。老君庙背斜东西长4500米,南北宽3000米,北翼陡而南翼缓,闭合差在450米以上,面积约为19.5平方千米,生油层属白垩系,储油层属古近—新近系。孙健初把1号井位定在构造北翼,即老君庙北15米处。

第1号井由助理矿务工程师董蔚翘具体组织钻机安装施工。3月11日开始安装钻机,23日安装完毕。底座用石头堆砌,6米高的井架用木头搭建。

用机器钻井前开始人工挖掘方井导洞,通过人工挖掘四边均宽2米左右的方形竖井,为防止砾石下落伤人,边挖边用木板和草席将井壁围起来。3月27日,1号井挖至23米见到油层,原油从砂砾中汩汩地冒出来,油层厚5.39米,日产原油1.5吨左右,极大地增强了钻探人员的信心。当掘进到26.7米时,因井下油气太大,工人呼吸困难,遂利用套管往竖井中送风换气。5月6日,下入表层套管后,按照钻进计划,开始用延长调来的顿击钻机向深层钻进,钻速非常缓慢。8月11日,井深钻至115.51米,在81.74米处探得一油层,油层厚18.33米,遂下套

▲ 甘肃玉门油矿工人安装钻机

管 32.41 米,后裸眼完井投产,初期日产原油约 10 吨。孙健初通过对比砂岩样品,发现这个油层恰好与干油泉露头属于同一层系,命名该油层为 K 油层,从而发现了老君庙油田,至此也拉开了玉门石油开发的序幕。消息传出,全国抗日军民受到莫大的鼓舞,一批批爱国青年从四面八方奔赴玉门,投身到开发石油的队伍之中。

回望石油发现井

▼ 玉门油矿发现井——老君庙一号井

1940年春,由于一号井在投产后不久就失去了自喷能力,甘肃油矿筹备处从四川急调一部以柴油机为动力的抽油机,于5月24日安装于一号井上,一号井成为玉门油田第一口机械采油井,初期日产原油1吨左右,后逐渐递减至0.2吨。

1941年3月16日,国民政府资源委员会在重庆成立甘肃油矿局,孙越崎出任总经理。玉门老君庙矿区设矿场、炼厂。严爽任矿场矿长,重庆动力油料厂厂长金开英任炼厂厂长。

1941年10月,因井壁坍塌,油层被堵塞,一号井报废。

1953年3月,为了增加原油产量,玉门油矿组织人员、设备,对一号井修复加深,自喷8个月后装抽油机采油。

1962年,一号井油竭停产。

1965年10月组织重修一号井,但无效果。至此,一号井累计产油845.9吨,产天然气17.73万立方米。

1980年,玉门石油管理局为纪念玉门油田发现和开发,重建老君庙,并在老君庙第一井钻凿处安装抽油机,铭刻了"玉门油田老一井"碑文。

2004年,国家旅游局把玉门油田命名为"全国工业旅游示范点"。老一井被中国石油天然气集团公司命名为企业精神教育基地。

▲ 中国石油天然气集团公司命名企业精神教育基地——老一井

2011年,老一井被甘肃省人民政府列为省级文物保护单位,后被列入甘肃省玉门油田红色旅游景区建设规划。

回望石油发现井

2013年3月,老一井以现代重要史迹及代表性建筑被国务院确定为全国重点文物保护单位。

▲ 玉门油田老一井井场

新疆油田发现井——克一井

克一井喷油揭开了新疆石油工业发展的序幕。1958年9月,朱德视察克拉玛依时讲到:"三年以前,这里只有一个打猎的维吾尔族老人,可是三年以后,你们已经在荒凉的戈壁滩上建立起了一座四万人口的石油城市,这是一个很大的成绩,也是一个动人的神话。"

新中国石油工业从这里走来!

新疆准噶尔盆地西北缘曾经有一个动人的传奇"神话",这里有一座天然"沥青丘",常年像山泉一样流淌着黑色的石油。在这里,石油人建起了一座美丽的城市——克拉玛依,这是世界上唯一一座以石油命名的城市,因油而生,因油而兴,将自己的名字同样用在了诞生她的这座起源之山上,克拉玛依系维吾尔语"黑油"的译音,克拉玛依就是黑油,黑油山就是克拉玛依山,可以说新中国石油工业从这里走来。

经地质学家研究,这里是世界罕见的三叠系石油源头,在两亿多年前,这里的确有一座山,因地壳变动,山丘沉入地下,时光荏苒,山体上逐渐形成三叠系、侏罗系的新地层,无数生灵生存、死亡,埋入地下后变成了石油。沉入地下的山丘因地壳挤压再次拱起,并将三叠系和侏罗系的地层推出了地壳,蕴含在三叠系、侏罗系地层中的石油也顺着岩隙冒出地面。沥青丘最高约13米,这座黑色的沥青丘及其地下埋藏的石油已沉睡上亿年,由于地壳变动,岩石产生断裂破碎,地下石油受地层压力影响,沿岩石裂隙不断向地表渗出,石油中轻质部分挥发,剩下黏稠液体同地表沙土等凝结在一起堆成黑油山。

一、准噶尔盆地石油工业起步

克拉玛依油田的发现经历了艰难曲折的历程。准噶尔盆地蕴藏着丰富的油气资源，寻找和开发这些资源历时半个多世纪。19世纪末20世纪初，在克拉玛依、独山子、乌鲁木齐以西的四岔沟、沙湾以西的博尔通古、玛纳斯东南的卡子湾、乌苏南边的将军沟等地发现大批油苗，据不完全统计有140余处，当地居民进行过土法开采，产量很少，仅供燃灯照明之用。

1897年，俄国驻迪化（今乌鲁木齐）领事曾提出要租借黑油山，以开采石油，被新疆地方当局拒绝。

1907年，新疆地方官吏为增加财政收入，曾采用机械方法开采石油，但产量很低，新疆商务局采集油样，派人送到俄国库班进行化验和评价，经俄国工匠蒸馏，每百斤可提净油六十余斤，表明油品性质优质。1909年，清朝政府新疆商务总局从俄国购买挖油机（顿钻）、提油机、制烛机等设备，雇佣俄国工匠在克拉玛依南部独山子地区用挖油机开掘油井，挖至七八丈时井内见到油气，采用提捞方法进行开采。文献记载："运至独山子，开掘油井，深至七八丈，井内声如波涛，油气蒸腾，直涌而出，以火燃之，焰高数丈……油量甚丰。"表明钻井过程中钻遇油层，这是新疆地区近代采用机械钻凿的第一口油井，从此新疆独山子油矿诞生，这是准噶尔盆地石油工业发展的开端。

1936年，新疆地方政府与苏联合作，组成了独山子石油考察厂，对独山子地区的石油进行了地质调查和钻探。1936年9月，聘请苏联工程师，采用苏联钻机，在独山子构造开始钻探第一号井，1937年1月14日钻至井深200米完钻，原油喷出数尺之高，初期日产原油 10 吨，这是独山子油矿第一口自喷井，生产不久即告枯竭。至 1943 年，独山子地区累计钻井 33 口。1943 年，苏联撤走技术人员和设备，1944 年独山子油矿由甘肃油矿接管，此后勘探工作基本处于停滞状态，至 1949 年处于小规模生产。

这一时期，中外地质科学家对准噶尔盆地的地形、地貌、油气状况进行了考察和探测。1894 年至 1909 年期间，俄国著名地质学家 B. A. 奥布鲁切夫先后四次深入准噶尔盆地进行地质考察，考察期间记下 3000 多页笔记，绘制了 1:50 万新疆地图，并编著《边缘准噶尔》一书，描述了黑油山沥青丘和乌尔禾沥青脉，把新疆准噶尔盆地列为含油远景地区。之后，苏联地质学博士杜阿耶夫也曾到新疆开展地质路线调查，编著《准噶尔盆地地质调查报告》，认为克拉玛依—乌尔禾地区属于中古生界志留—泥盆系沉积，运移到上部地层形成油藏，由于构造运动使其发生褶曲变形断裂，破坏了原有的油藏结构，同时，由于长期的地面剥蚀作用，含油地层裸露地表，石油流出地面，形成沥青丘。1935 年，苏联科学考察团在准噶尔盆地南缘进行区域地质调查。1942 年至 1943 年期间，中国地质学家黄汲清、杨钟健、翁文波等在新疆进行石油地质调查。

二、新中国成立初期准噶尔盆地石油工业

1949 年 9 月 20 日，彭德怀在西北军政委员会第一次会议上指出："目前，西北地区的工作任务之一，是尽快恢复新疆独山子油矿的炼油生产，并且加强生产中的组织性和计划性，努力提高成品油产量。"中华人民共和国成立后，彭德怀认识到要使新疆独山子油矿尽快恢复石油开采和炼油生产，必须更新设备和扩

回望石油发现井

大投资，并要有足够的技术力量，考虑到中华人民共和国成立前与苏联有过开发石油资源的合作关系，提出与苏维埃社会主义共和国联盟联合组建石油公司的建议，得到毛泽东、刘少奇的高度重视。

1949年12月28日，时任新疆军区司令员兼政委的彭德怀到北京向中共中央汇报新疆情况，"请示中央研究新疆与苏联恢复通商，以及与苏联合作，在新疆创办中苏石油公司、有色及稀有金属公司等问题，以开发新疆矿藏，繁荣新疆经济"。1950年1月2日，在北京主持中央工作的刘少奇致电正在苏联访问的毛泽东，建议向苏联政府提出在新疆设立开发石油与有色和稀有金属的中苏合股公司。3月27日，经过谈判双方达成协议，中国驻苏联大使王稼祥与苏联外交部长维辛斯基分别代表两国政府在共同创办中苏石油股份公司的协议上签字。

1950年9月，中苏两国代表在新疆乌鲁木齐进行谈判。中国代表是中央人民政府燃料工业部全权代表张英明、重工业部全权代表卡·哈克木拜考夫，苏联代表是苏联政府石油工业部全权代表斯·阿盖耶夫、金属工业部全权代表克·西蒙诺夫。经过谈判，双方很快达成协议，通过了两公司的章程和组织条例，分别于15日和29日在有关文件上签字。在15日召开中苏石油公司第一次股东会议时，新疆维吾尔自治区人民政府主席包尔汉、财经委员会主任王震、苏联驻乌鲁木齐总领事格列科夫等人都到会出席。中苏石油公司（包括"中苏金属公司"）的成立，在当时的新疆乃至在当时的中国都是件大事，标志着中苏，特别是新疆与苏联的经济合作更深入地进入了一个新的领域。

中苏石油公司为新中国培养了一大批石油方面的专业技术人

才和职工队伍。中苏石油公司的经营方针是："以地质勘探、培养干部为主"，把培养大批会管理、懂技术的专家和各种专业技术人员作为一项重要任务并为此采取了多种措施。到1954年底，新疆的石油职工队伍已经基本形成，总人数达到5552人，其中各类专家、技术人员和技术工人就有2000多人。

中苏石油公司还对新疆的一些地方进行了地质调查，获得了不少有价值的地质资料，其中查明有含油希望的地质构造有26个。特别是对天山北部准噶尔盆地西北缘进行的地质调查和勘探对于1955年发现和探明克拉玛依油田起了重大的作用。

苏联派来了大批技术人员直接参与石油勘探，恢复发展独山子油矿的生产，在准噶尔盆地开始了现代地质、地球物理、测量、钻井等石油勘探工作。勘探区域界定为16.8万平方千米，包括北疆克拉玛依和独山子地区、南疆库车和喀什地区。由此拉开了在准噶尔盆地开展大规模石油勘探的序幕。

1950年至1954年，集中力量勘探开发独山子油田，期间共钻探57口井，进尺77381米，最深的井（62A）2700米。探明含油面积1.18平方千米，累计生产原油174645吨。同时对准噶尔南缘的西湖隆起、霍尔果斯背斜、安集海背斜、呼图壁背斜、南托斯台背斜进行钻探，钻井8口，进尺13523米，在局部构造上见到油气显示及低产油流。

对于盆地西北缘，1951年至1952年，苏联专家莫依先科率领中苏石油股份公司4/51地质详查队在克拉玛依地区黑油山一带进行地质调查、电法勘探，莫依先科认为在黑油山地区有大量天然油苗出现，说明该地区可能存在着工业油藏，建议在该地区进行构造钻探，并提供了4口井的井位。

回望石油发现井

1952年3月，苏联专家捷列肯带队在黑油山地区沥青丘附近钻探4口浅井，其目的层是侏罗系砂岩储集层。1953年4口井完钻，4口井均见到不同程度的油气显示，其中2号井发生井喷，不久停喷。根据4口井的钻探结果，捷列肯指出克拉玛依地区具有工业价值的油藏存在，建议今后的勘探工作应向构造的东南方向发展。

1954年，由苏联专家勒·依·乌瓦洛夫任队长、中国地质家张恺任地质师的中苏石油股份公司4/54地质调查队前往黑油山地区进行勘查，地质调查队共由10人组成，在黑油山—乌尔禾地区完成2150平方千米的地质普查，收集了大量的野外勘探资料，并认真总结了前人已做过的地质、浅井钻探、电法、重磁力等工作，综合分析研究已经掌握的全部资料，取得了对这一地区油层、地质构造的新认识和新观点。地质调查队认为：黑油山—乌尔禾地区属于准噶尔盆地北部地台区，这一地区的沥青丘、沥青脉、沥青砂岩露头均是石油在盆地中心生成后汇聚和运移过程中形成的，预示着沥青丘以南地区有大量的油气聚集；最有希望的是沥青丘露头以南、玛纳斯河以北约3000平方千米的区域，建议进行详细的地球物理勘探和深井钻探；准噶尔盆地的大油田在盆地西北缘，而不是在盆地南缘的山前凹陷，提出走向西北、走向地台的新观点，并提出了已选定的3口井的井位，包括黑油山1号井（后改为克拉玛依1号井）。

对于苏联专家勒·依·乌瓦洛夫给出的黑油山—乌尔禾地区含油气远景评价结果，中苏专家之间展开了激烈的争论，争论的焦点就是黑油山地区是否有丰富的油气储存，是否有规模油气藏。苏联专家认为：黑油山大面积的含油层出露于地面，大量轻质油挥发后形成沥青丘，说明地下原油已大量散失，油藏已经遭到严重破坏,现在留下的只有"氧化残余油",不可能形成大规模的石油蕴藏,不具开发价值。争论持续不断,最激烈的于1954年11月1日在中国专家张恺和苏联专家捷也列夫之间展开,据说争得面红耳赤,地质调查处副处长余萍见证了整个争辩过程,这是黑油山地区含油情况的第一次大辩论。

三、新疆勘探重点的战略大转移和石油大发现

根据中苏两国政府发表的联合公报精神,自1955年1月1日起,中苏石油股份公司开始由中方独立经营,独山子油矿完全交回中国。从此,中苏石油股份公司结束了在新疆的各项业务活动,将管理和属于公司的全部财产移交给新疆石油公司。

苏联和中国地质家在准噶尔盆地西北缘黑油山—乌尔禾地区普查后,提出的找油方向新观点得到了新疆石油公司和石油工业部领导的重视和支持。新疆石油公司经理张文彬专门组织召开黑油山地质调查专题汇报会,苏联专家勒·依·乌瓦洛夫和中国专家张恺详细汇报了有关黑油山地区的调查结果,乌瓦洛夫做了"走出山前凹陷,走上地台"的陈述,张恺详细汇报了这一地区含有丰富石油的理由和相关证据,张文彬还向张恺询问了探井井位的设计问题,最后张文彬表态说:"国家需要我们在短时间内找到大油田,在我们面前,没有任何退路只有大踏步地向前!如果说走向地台的观点在目前的勘探中只有百分之一的希望,我们要付出的,却应该是百分之百的努力!"汇报会后,新疆石油公司党委统一了思想,以"走出山前凹陷,走上地台"为指导,根据乌瓦洛夫和张恺的研究报告,由独山子矿务局编制了《黑油山地区钻探总体方案》,拟定在黑油山构造带上部署4口探井,构

成一个剖面，进一步探明该地区白垩系、侏罗系的地质情况，方案上报国家有关部门批准。

1955年1月，经过在北京召开第六次石油勘探会议讨论后，批准了《黑油山地区钻探总体方案》，并决定：在准噶尔盆地北部黑油山地区，为探明侏罗系的含油气情况以及研究准噶尔盆地西北缘的地质构造，在获得浅井补充资料后，再在这个地区钻2口深探井，计划进尺2400米。

根据会议决定，王克明等立即测定黑油山1号井井位，由独山子油矿王克明、王秋明、王连壁等做出黑油山1号井地质技术设计，苏联专家潘切亨娜做出钻井设计，设计方案上报新疆石油公司，总地质师杜博民批准了地质钻井设计方案。1号井位于克拉玛依南黑油山局部构造上，在黑油山沥青丘西南5.5千米处，设计井深1000米，目的层侏罗系。1955年3月，测定井位后，独山子矿务局钻井处副处长马骥祥带领苏联专家阿布拉莫夫、井架安装队队长崔林庆、翻译刘仁前往黑油山踏勘1号井地形，4月份开始安装钻机井架。

针对黑油山1号井的钻探，新疆石油公司决定，独山子矿区成立黑油山钻井前线指挥部，秦峰兼任前线指挥部总指挥，马骥祥任前线指挥部钻井指挥，坐镇黑油山。1955年6月14日，一个由汉族、维吾尔族、哈萨克族等8个民族36名职工组成的1219青年钻井队来到黑油山，担负起黑油山1号井的钻探任务。钻井队技师陆铭宝、副技师艾沙卡日·艾拜拉木发誓要在黑油山"安下心，扎下根，不出油，不死心"，全体职工怀着为祖国寻找大油田的雄心壮志，下定了战胜荒漠戈壁的风沙、酷暑的决心，克服了材料短缺等困难。

▲ 1955年6月，1219钻井队承钻黑油山1号井

黑油山1号井于1955年7月6日正式开钻，钻至井深517米时，已钻穿侏罗系和三叠系，提前进入古生界，在三叠系钻遇油

▲ 1955年11月2日，黑油山1号井喜喷工业油流

回望石油发现井

层，10月25日决定在620米提前完钻，用筛管完井。10月29日于井深620米开始试油，即有原油、天然气、随钻泥浆和水溢出。11月1日，用10毫米油嘴测试8.5小时，产油6.95吨，折算日产原油19.62吨，11月2日产油8.1吨，出油井段为487.8～507.3米，属中三叠系克拉玛依组第七油砂组。望着井口喷出的原油，人们欢呼着、跳跃着、拥抱着。人们忘情了，抓一手黑色的原油抹在脸上，让喜悦的泪水畅快地流出。拿起铝盔敲奏，放亮汽车大灯，让黑油山灯火通明，让黑油山欢悦沸腾。

▶ 石油工业部部长李聚奎亲自写电报祝贺黑油山1号井喷油

1955年11月26日，新华社电讯稿报道了黑油山第一口探井钻成和出油的消息：新疆准噶尔盆地北部发现黑油山新油田！这是黑油山1号井向全中国、全世界发出的信息，它以喷涌而出的滚滚油流向全世界宣告：黑油山，有大油田！准噶尔盆地，有大油田！中国，有大油田！石油工业部部长李聚奎亲自写电报给新疆黑油山钻探队，表示祝贺。

　　黑油山1号井的喷油，党和国家领导人给予了高度重视和关注，指示要加速勘探，安排支援克拉玛依地区的勘探开发工作。石油工业部的领导也极为关注，12月21日，石油工业部部长李聚奎到现场指导工作，视察黑油山1号井出油情况，传达了党中央和国家领导人关于加速发展石油工业的指示，要求加强黑油山地区的勘探。新疆石油公司在独山子召开了黑油山总体规划讨论会，组织编制了《克拉玛依地区钻探总体规划》，为尽快搞清南黑油山、南小石油沟和深底沟构造的储油情况，对勘探面积和储量做出了总体部署。1956年2月，在全国石油勘探会议上，要求"加紧黑油山的钻井工作和试油工作，争取上半年查明黑油山构造的工业价值"。2月26日，毛泽东、刘少奇、周恩来、邓小平等听取了石油工业部李聚奎、康世恩关于石油工业发展以及黑油山1号井钻探出油情况和勘探开发前景的专题汇报，期间，毛泽东讲道："美国人老讲中国地层厚，没有石油，看起来起码新疆、甘肃这些地方是有的，怎么样？石油部也给我们树立点希望！"当谈及克拉玛依、玉门都是戈壁荒滩，野外勘探开发工作十分艰苦时，毛泽东讲道："搞石油艰苦啦！看来发展石油工业，还得革命加拼命！"10天后，陈云召集地质部、石油工业部何长工、李人俊、康世恩进一步讨论加快石油勘探的有关问题，要求"应进一步壮大石油勘探力度，克服一切困难，在两三年内查明一两个大的产油区域"。

　　1956年4月7日，陈云、李富春和薄一波批准石油工业部关于当前应把准噶尔盆地作为勘探重点、应在独山子至克拉玛依之间的广大地区集中力量、大力勘探的报告。4月14日，中共新疆

回望石油发现井

石油公司委员会第二次全体会议通过决议:"各方面的工作都要首先满足黑油山的需要,在全公司掀起一个支援黑油山,开发黑油山,到黑油山去的热潮。"1956年4月19日至28日,石油工业部部长助理康世恩率工作组和苏联专家安德烈柯、勘探司总地质师陈贲到新疆克拉玛依—乌尔禾地区进行现场实地考察,查看克拉玛依—乌尔禾地区的大型油苗,专门听取了对勘探部署不同意见的讨论,张文彬汇报了关于黑油山勘探开发计划和有关工作,张恺汇报了关于该地区的评价及下一步部署意见。汇报结束后,康世恩主持了在新疆石油公司独山子召开的会议,会议上,苏联专家安德烈柯和新疆石油公司专家组组长瓦尔彼得夫组织中苏专家进行讨论,这是关于黑油山地区油藏状况的第二次大辩论。正在激烈辩论争得不可开交的时候,传来了位于南黑油山两个局部构造之间4号井出油的喜讯。4月23日,距1号井西南2千米的4号井完钻喷油,证实了克拉玛依地区确实有不受背斜控制的地层超覆圈闭油藏存在,也为这场辩论画上了圆满的句号。根据这一情况,经过认真研究,果断地做出了将准噶尔盆地勘探重点由盆地南缘向盆地西北缘转移的战略决策,新疆石油勘探重点应由山前转向地台,采取区域展开"撒大网、捕大鱼"的勘探方针,把区域勘探和油田详探结合起来,开展大规模的勘探,分两个区域部署了10条大剖面。

为贯彻落实这一方针,新疆石油公司党委第二次全委会讨论通过了《黑油山地区钻探总体设计》,决定了我国石油发展史上最著名的"撒大网、捕大鱼"这一勘探部署。会后,1160多名职工积极响应"紧缩独山子,大上黑油山"的号召,迅速投入黑油山的勘探大会战中,使油田面积不断扩大,石油产量不断攀升，这一部署获得巨大成功，至1960年底累计钻井662口，总进尺达到82.1万米，探明含油面积290.7平方千米，探明石油地质储量2.6683亿吨，基本拿下了当时国内第一个大油田。

1956年5月1日，根据新疆维吾尔自治区主席赛福鼎的建议，黑油山油田正式定名克拉玛依油田，同时独山子矿务局克拉玛依钻探处成立了克拉玛依、中拐、红山嘴、白水滩、乌尔禾五个钻井队。独山子矿区发挥老基地的作用，在"紧缩独山子，支援克拉玛依第一"的口号下，大批技术干部和职工自愿报名，要求参加克拉玛依的勘探和建设。1956年7月1日，新疆石油公司更名为新疆石油管理局。

克拉玛依油田是中华人民共和国成立后找到的第一个大油田，也是在国家用油最紧缺、最需要油的时候找到的第一个大油田。随着油田勘探开发的不断深入，人员、设备极端匮乏，新疆石油公司短时间内无法满足勘探开发的需要，急需全国的支援。1956年5月11日人民日报发表了《克拉玛依地区证实是个很有希望的大油田》的文章，5月14日和23日分别发表了《迅速支援克拉玛依油区》和《加速发展石油工业和石油地质勘探工作》的社论，9月5日，人民日报再次发出《支援克拉玛依和柴达木油区》的社论。从而掀起了一个全国各界支援克拉玛依油田建设的热潮。

克拉玛依地区被证实是一个很有希望的大油田的消息，通过新华社迅速传遍海内外。1956年9月，在党的第八次全国代表大会上，石油工业部部长李聚奎向大会报告说：克拉玛依油田面积达到130平方千米，储油面积勘探还在扩大，可采储量1亿吨以上……

回望石油发现井

  1956年10月1日,在中华人民共和国成立7周年盛大庆典仪式上,"1956年发现的大油田克拉玛依"巨型模型随着游行队伍缓缓通过天安门广场,接受党和国家领导人的检阅。

▼ 1956年10月1日,克拉玛依油田模型车通过天安门广场

  1958年7月25日,克拉玛依市经国务院批准正式成立,这是全国唯一以石油命名的城市。9月朱德视察克拉玛依时,对这座城市给予了高度评价,讲道:"3年以前,这里只有一个打猎的维吾尔族老人,可是3年以后,你们已经在荒凉的戈壁滩上建立起了一座4万人口的石油城市,这是一个很大的成绩,也是一个动人的神话。"9月12日,朱德为克拉玛依题词:为钻井两万口生产石油千万吨而奋斗。

四、今天的克拉玛依

  克拉玛依市地处准噶尔盆地西北缘,全市面积7735平方千米,汉族人口占1/3左右,另外有维吾尔族、哈萨克族、回族、

蒙古族、满族、锡伯族等30多个少数民族。

克拉玛依油田的发现是准噶尔盆地勘探的重大历史突破，是中华人民共和国石油勘探的第一次重大突破，是勘探战略转移科学决策的重大胜利。克拉玛依油田的发现与开发是准噶尔盆地石油工业开发史上的一座丰碑，在中国石油工业发展史上写下了辉煌的一页，为中华人民共和国石油工业的腾飞打响了第一炮。克拉玛依从诞生那一天开始，就担负起为石油工业奉献的重任，为了"兄弟油田"的成长，一次又一次地勒紧裤腰带，倾尽全力。大庆、胜利、辽河、江汉、中原、吐哈、塔里木……只要是中国产油的地方，几乎都能看到克拉玛依石油精英们的身影。

1982年10月29日，为纪念克一井对石油工业的贡献，在原井场立克一井纪念碑，碑高4米，呈锥体型，碑顶为一面五星红旗，大理石雕刻，碑身雕刻4个红色大字"克一号井"。碑座高

▲ 2013年8月11日参观克拉玛依发现井——克一井纪念碑

约3米，正方形底座，边长10米，基座用黑色和黄色鹅卵石镶嵌成石油喷油图案。整座纪念碑被20个小石柱呈正方形环绕。克一井是克拉玛依石油文化重要开篇，也是克拉玛依人艰苦奋斗、战天斗地的英雄气概和大无畏的石油创业精神的象征，2004年，被中国石油天然气集团公司命名为企业精神教育基地。2007年，新疆维吾尔自治区政府公布克一井为第六批自治区级文物保护单位。2013年5月，经国务院批准，国家文物局公布了第7批全国重点文物保护单位，克一井名列其中，同年，开始规划建设克一井红色旅游经典景区。

2015年10月，作为国家重点建设的红色旅游景区——新疆克拉玛依油田一号井景区正式开放。这一天，举行了克拉玛依生日命名仪式。不锈钢制成的"大油泡""小油泡"地面油浪及克一井遗址向市民亮相。最大的油泡高15米，最大直径为28米，

▲ 在克一井原址建成的"大油泡"

由4个门洞和4个支点组成,其设计灵感来源于世界地质奇观——克拉玛依黑油山油池中源源不断溢出的油泡。通过现代感和视觉冲击,以矗立在克一井之上的油泡作为艺术展现形式,象征汩汩石油从这里喷涌而出,寓意克一井是克拉玛依的原点、起点,并通过油泡的镜面反射见证克拉玛依的发展历程。

▼ **社会科学普及基地**

大油泡下方克一井原址采油树向公众开放,与人群、雕塑呼应,表达了油城敞开怀抱欢迎四方亲朋的热情。2017年2月,这一景区被新疆维吾尔自治区社会科学联合会命名为社会科学普及基地。2017年10月13日,克一井红色旅游经典景区入选全国红色旅游经典景区。

黑油山,中国石油工业的发源地之一,克拉玛依的油之源,世界级的地质奇观。黑油山,大自然多种元素联手打造的产物,

回望石油发现井

大地贡献了石油，狂风带来了沙石，阳光蒸发轻质成分，亿万年后形成了今日小山丘。当我们从空中俯瞰，你会发现黑油山就好像准噶尔盆地双手托出的一个小小的聚宝盆，准噶尔盆地所蕴含的最珍贵的宝藏——石油从这里流溢而出，为世人所知。

为发扬艰苦创业精神，铭记油田发现历史，1982年10月1日，新疆石油管理局和克拉玛依市政府在黑油山树立了石雕纪念碑和一尊维吾尔族老人骑着毛驴弹奏热瓦普的塑像。沿着石阶登上黑油山，有几个用石块围起来的沥青池，池中还不断地冒着气泡。

▲ 参观维吾尔族老人骑着毛驴弹奏热瓦普的塑像

在维吾尔族老人骑着毛驴弹奏热瓦普的塑像前，是一个大的圆形沥青池，蓝天白云倒映在池面上。关于黑油山和这位叫塞里木巴依的维吾尔族老人，还有一个故事。由于周围荒凉的恶劣环境，千百年来黑油山淌出的石油长期不被人们重视，直到新中国成立前，维吾尔族同胞塞里木巴依才第一次叩响了黑油山的神秘大门。他在山旁搭了个地窝子，在集油洼地捞取原油，骑毛驴往返于乌苏与黑油山之间，用黑色的油换取生活用品，当地人用此原油点灯、膏车轴……

▲ 黑油山纪念碑

黑油山纪念碑碑身高4米，碑顶为五星红旗，花岗岩凿制，碑基座高约3米，三角形底座，边长10米，基底用卵石铺设，四周排列有20座高50厘米的石柱。纪念碑碑身呈三角锥体形，纪念碑一面是红色的"黑油山"三个字，另两面刻有黑油山记事："黑油山位于成吉斯汗山麓，是克拉玛依油田的露头，因原油长年外溢，凝结成沥青丘，高十三米，面积零点二平方公里，一九零六年发现并载册，油质为珍贵的低凝油，解放后经勘探开发建成当时我国的一个大油田而闻名中外。"凝视石雕纪念碑，眼前仿佛幻化出了克拉玛依广大石油工人为了发展祖国的石油工业而不畏艰难、勇于拼搏、无私奉献的精神，头顶天山鹅毛雪，脚踏戈壁大沙漠的英雄气概。耳边，又响起了著名音乐家吕远的《克拉玛依之歌》："当年我赶着马群寻找草地，到这里来驻马我瞭望过你，茫茫的戈壁像无边的火海，赶紧我转过脸向别处走去。啊，克拉玛依，我不愿意走近你，你没有草没有水，连鸟儿也不飞。啊，克拉玛依，我不愿意走近你，你没有歌声没有鲜花没有人迹。啊，克拉玛依，你这荒凉的土地，我转过脸向别处走去，啊，克拉玛依，我离开了你。"这首歌从戈壁荒漠升起，穿过天山，唱响大江南北、长城内外，经久不衰，克拉玛依也因此蜚声中外。

20世纪80年代，著名诗人艾青写下了："最荒凉的地方，却有最大能量。最深的地层，喷涌最宝贵的溶液。最沉默的战士，有最坚强的心。克拉玛依，是沙漠的美人"的动人诗篇。

今天的克拉玛依，一座石油圣城，沙漠明珠，时尚之都，一座为梦想加油的城市，一座幸福快乐的城市，是"一带一路"上的重要节点，是中巴经济走廊、新亚欧大陆、中蒙俄经济合作走廊，中国—中亚—西亚经济走廊的交汇点。扬帆起航，全力打造"世界石油城"。相信，不久的将来，克拉玛依将再演绎一个更加动人的神话，谱写中国资源型城市转型的新篇章，焕发出新的城市魅力。

你好，克拉玛依！

祝福，克拉玛依！

光荣，克拉玛依！

新疆油田发现井——克一井

▼ 黑油山纪念碑碑文

青海油田发现井——地中四井

柴达木，中国版图上一块古老而又神奇的地方，诗人李季考察后留下了脍炙人口的诗篇《柴达木小唱》："辽阔的戈壁望不到边，云彩里悬挂着昆仑山。镶着银边的尕斯湖啊，湖水中映着宝蓝的天。这样美妙的地方哪里有啊，我们的柴达木就像画一般……"

地中四井喷油，向世人宣布冷湖构造蕴藏着丰富的石油，开创了柴达木盆地油气勘探的新纪元，为新中国的经济建设和国防建设做出了重要贡献。

一、柴达木印象

"柴达木",蒙古语,意为"盐泽",更确切的意思是"一片浅缓倾斜的、有着鹅卵石的大漫坡"。走进柴达木,仿佛走进了地球的童年,踏上了月球表面,广袤的沙漠戈壁、奇特的雅丹地貌、连绵不断的丘陵……这是对神话般柴达木地形地貌最生动形象的写照。无垠的戈壁望不到边,雄伟的昆仑顶连着天。"天上无飞鸟、地上不长草、风吹石头跑、氧气吃不饱"。这,就是世界上海拔最高的盆地。在这片干涸如月球般的不毛之地,地下却蕴藏着丰富的矿物资源,这里是盐的世界,这里是油气的殿堂,柴达木盆地被誉为"聚宝盆""财富盆地"。

柴达木盆地地处青藏高原北部,南通西藏,北达甘肃,西出新疆,东临青海,盆地略呈三角形,四周被昆仑山、阿尔金山和祁连山环抱,东西长约800千米,南北最宽处约350千米,地势自西北向东南缓倾,从边沿至中心依次为戈壁、丘陵、平原等,海拔在2600至3000米之间,是中国地势最高的内陆盆地。柴达木盆地属高原大陆性气候,干旱,气候寒冷干燥,多风少雨,昼夜温差大。

二、初探柴达木

柴达木盆地，中国版图上一块古老而又神奇的地方，特殊的地质环境和丰富的矿藏吸引了无数中外地质家、探险家和实业家的眼球，地质调查活动始于十八世纪晚期，曾有多名地质工作者和多个国内外科学考察团探寻柴达木，他们有着各种各样的想法，试图在柴达木发现他们心中的"富矿"。从1877年到1932年的几十年里，奥地利人洛采、印度人幸格、法国人古柏察、俄国人普尔热瓦尔斯基、瑞典人斯文海定、俄国人卡兹洛夫及其带领的"中亚探测队"、英国人斯坦因、国民党政府与瑞典王国政府共同组成的"中瑞科学考察团"，都曾到柴达木盆地北缘和中部地区进行地质调查。限于当时的技术条件和科技水平，仅凭简单的地面观察很难作出结论，当时的地质调查活动均未发现油气显示，一个个考察队、探测队都无功而返。

20世纪40年代，国民党政府提出"开发柴达木"的口号，在盆地设置屯垦开发机构，策划修建一条"青新"公路。1946年，青新公路踏勘队，自西宁沿盆地南缘，到达扎哈及铁木里克一带进行路线调查。随行的资源部工程师李树勋，沿途仔细观察，在红柳泉一带发现盆地西端的中生代地层中有淡水石灰岩，地面有出露的油层，因此判断此处大概有油气，提出"应详查其构造、钻探之"。1947年，国民政府经济部抽调西北工业研究分所、西北地质调查分所、西北石油地质勘探处人员组成"甘青新边区及柴达木盆地工矿资源科学考察队"，对柴达木盆地的植被、水文、地质、矿藏等进行了比较详细的考察。随队地质工作者有关佐蜀、梁文郁和周宗浚，他们听到青新公路筑路工人在盆地西南部红柳泉以东的山坡下，曾找到一种点火即燃的黑色石块，便决定赴该地勘查。考察队于1947年5月从兰州出发，12月到达红柳泉，在那里发现了150米厚的油砂。他们冒着零下30摄氏度的严寒，测绘了油砂山构造地形图和油砂露头横剖面图等，最后在测绘地图上，测量工程师周宗浚郑重地标上了"油砂山"这几个字，从此油砂山就成为柴达木盆地石油宝藏的标志。这次调查结束后，关佐蜀、周宗浚分别撰写上报了《青海柴达木盆地西部红柳泉油田地质初报》和《青海柴达木盆地扎哈油田简报》，并附上"油砂山"的地形图、地质构造图、横切剖面图等资料，提出《对于开发柴达木之建议》。

三、挺进柴达木

半个多世纪以来，一代又一代石油人在生命禁区无私奉献。他们踏遍戈壁瀚海，饱尝千辛万苦，历经坎坷磨难，用汗水、青春、热血和生命，在柴达木盆地树起了惊天地、泣鬼神的丰碑，书写了一部艰苦创业、开拓奋进、爱国奉献的壮丽史诗。

1954年3月，燃料工业部石油管理总局在西安召开全国第五次石油勘探会议，决定派遣石油地质队伍深入柴达木盆地进行地质勘查，随即成立柴达木盆地石油地质勘探大队。

1954年，第一批石油地质勘探队挺进柴达木，最先进驻的也就是红柳泉地区，拉开了盆地大规模油气勘探的序幕。1954年4月，西北石油管理总局在所属的陕北、酒泉等地的勘探单位中派出了6个地质分队、1个重磁力队、1个测量队和1个手摇钻井队，组成一支484人的柴达木石油地质大队，对盆地开始进行大规模石油地质勘探，地质队队员平均年龄只有25岁。4月18日，

回望石油发现井

第一批进盆地的 70 多名石油地质勘探队员,在中国人民解放军一个骑兵连护送下,从古城西安出发,出敦煌,翻越阿尔金山,走了一个多月后才进入盆地西部山区。

地质队员进入柴达木盆地勘探,首先遇到的困难就是找不到道路和淡水。当时地图对柴达木盆地的标识只有几个圆点,按这些圆点的标示,既看不出哪里是路,也不知道哪里有淡水。没有水,不要说工作,就是生存都很困难。地质大队安营扎寨以后,专门组织了一个找水分队。头一天,几十个人在戈壁沙漠上挖了一个又一个坑,没有见到一滴水。第二天,好不容易在一座沙山脚下挖出了水,大家高兴地跳了起来。可是捧起来一尝,苦得人喘不过气来。大队领导决定在盆地找向导探路、找水。这个向导,就是伊沙·阿吉。阿吉是乌孜别克族,新疆且末人,从小在柴达木放牧、经商,对盆地情况十分熟悉,他知道柴达木哪里有山包,哪里有沙漠,哪里有盐泽。他能说得准什么时候会下雨、刮风、下雪;更明白哪里的水是苦的,喝了会拉肚子,哪里可以找到甘甜的泉水。人们称他是柴达木的"活地图"。

地质大队通过多方走访调查,终于在若羌请到了伊沙·阿吉。从此,伊沙·阿吉跟随地质大队南征北战,在勘探途中为地质队员们探路,寻找淡水。地质队的驼队和帐篷里,经常可以见到他矫健的身影,听到他那爽朗的笑声。1961 年 10 月,74 岁的伊沙·阿吉老人因病去世,留给后人的遗嘱是:"我死了之后,就安葬在柴达木,你们没有特殊情况也不要离开盆地,这里是我们的家……"伊沙·阿吉,柴达木初探时期的领路人,为青海石油勘探立下了不可磨灭的功勋,阿吉去世后葬在花土沟,墓碑上刻着这样一行字:"新疆且末县红角公社穆买努斯·伊沙·阿吉之墓"。

▲ 阿吉引导首批石油勘探队员进入柴达木盆地

阿吉带领第一支勘探队进入柴达木，在经过长途跋涉之后，到达西部的阿拉尔草滩。老人把勘探队员带到一个地方，他有些激动地让大伙儿快搬开那几块大石头，一个黑色的"泉眼"裸露出来，队员们立刻欢呼起来。从此，油沙山、油墩子、油泉子、开特米里克……不断有新的地名出现在勘探队的地图上。那个年代发现的所有石油探区，没有一个能和阿吉的名字分开。老人的墓地就在戈壁深处的花土山。花土山没有花也没有草，五彩斑斓的地质断层裸露在风中，名字由此得来。在没有绿树红花的地方，有着最美的地名——红柳泉、花土沟、花海子、绿草山、红沟子……在看不见水的地方，有着许多的湖——冷湖、苏干湖、柴达木湖、察尔汗湖……在无人之境，青春和生命走向了永恒。

在柴达木进行野外地质工作极其困难，当时除了西部昆仑山、阿尔金山南麓的个别地区有水、草外，其余都是不毛之地，人们是这样说的："南昆仑，北祁连，茫茫瀚海八百里，八百里瀚海无人烟。"在一马平川的戈壁滩上，只能以骆驼为主要交通工具，每天带干粮和淡水出工。在长达半年的时间里，凭着手锤加罗盘，靠"构造加油苗"的方法，发现了油泉子、油砂山、油墩子、七个泉等比较完整的地质构造18个、油苗9处，确定柴达木盆地具有勘探面积大、沉积岩厚度大、背斜构造大、生油岩条件好等特点，具有十分乐观的油气勘探远景。这大大增强了在柴达木找油的信心。由此制定了在盆地西部的有利构造上进行钻探，争取突破，然后向中部、北部推进的计划。

▲ 地质队员进行野外地质调查

1955年9月，石油工业部石油管理总局决定成立柴达木盆地石油考察队，由局长康世恩带队，石油地质专家张俊、王尚文、陈贲、沈晨、杨文彬、杨少华等，苏联石油地质专家特拉菲穆克、契雅契克夫、格罗斯、阿留辛、安德烈柯等，对柴达木盆地西北部的石油勘探开发进行实地考察，随行人员还有诗人李季、作家李若冰、新华社记者姚宗仪等，共60多人。考察队从西安出发，途经玉门，到达敦煌。沿着柴达木地质大队的行走路线，踏若羌古道，顺阿克塞、拉配泉、索尔库里，翻越阿尔金山进入柴达木盆地西北部。考察队历经20多天，详细考察了油砂山露出地面的油砂构造，油泉子和开特米里克的液体油苗，油墩子、七个泉等处暴露出地面的油层剖面、构造和圈闭，考察了昆仑山下的淡水资源和野生动植物的生长等情况。专家们对柴达木盆地油气勘探开发前景非常乐观，认为柴达木盆地含油地质条件好，昆仑山冰雪融化渗入地下的淡水资源很丰富，伊沙·阿吉老人一家在此养儿育女生活多年，证明人类可以在此长期生活，可以组织地质勘探队伍进行规模勘探。根据专家们的意见，考察队向国务院、西北局和青海省呈报了关于勘探开发柴达木盆地油气资源的报告。在考察期间，诗人李季留下了脍炙人口的诗篇《柴达木小唱》："辽阔的戈壁望不到边，云彩里悬挂着昆仑山。镶着银边的尕斯湖啊，湖水中映着宝蓝的天。这样美妙的地方哪里有啊，我们的柴达木就像画一般……"青年作家李若冰也写下了传世之作《柴达木手记》。

1955年，地质部632地质队一分队到柴达木盆地寻找石油。地质队员跋山涉水，穿越茫茫戈壁。他们最初的落脚点是在一个小小的淡水湖边，这个湖很美，湖水很凉，游牧的蒙古族叫它

"昆特依",翻译成汉语就是"冷湖"。戈壁泛着黛青色,看上去像一片深邃的湖,湖面泛着冷冽的光芒,当他们向更苍凉更严酷的柴达木腹地进发时,冷湖成了他们后方的大本营和心中温暖的家园。在柴达木流传着一个凄婉动人的故事:1955 年,8 个来自江南的年轻美丽的女勘探队员走进了这片飘着石油芬芳的山峦,在冷湖至大柴旦地区开展地质普查测量工作,她们年龄最大的 33 岁,最小的 17 岁。这里是典型的雅丹地貌,一天工作结束返回营地途中遇到风沙,迷失方向,无法找到回营地的路,野外露宿,风沙、饥饿、干渴、寒冷一起向她们袭来,就这样她们牺牲了,再也没有回来。为纪念这 8 位女地质队员,柴达木人就将这里起名为:南八仙。这个名字寄托着人们对拓荒牺牲者的缅怀与思念。

地质部 632 地质队地质一分队在冷湖的地质普查中,经过初期勘查,地质队员发现这一地区有成片的地质构造,于是地质队员从湖畔开始,自北向南一边勘探,一边按顺序命名为冷湖一号、二号……七号构造,随之进行 1:100 万比例尺的地质勘查。青海石油勘探局在 632 地质队普查的基础上,对冷湖五号构造进行钻探,证实这个构造是比较完整的储油构造。冷湖地区钻井处地质师、地质室主任赵光明在冷湖五号构造确定了地中四井井位。

1956 年 9 月 5 日,人民日报发表了《支援克拉玛依和柴达木油区》的社论。国家陆续从部队组织复转军人参加油田建设,从其他油田和厂矿抽调技术骨干支援油田勘探开发,从上海、山东等地招收社会青年和技术工人加入勘探队伍。1956 年底,柴达木盆地的地质勘探队伍由 46 个增至 106 个,职工人数由 4750 多人增至 14540 多人。

▶ 1956年9月5日，人民日报发表《支援克拉玛依和柴达木油区》社论

回望石油发现井

1958年8月21日，在冷湖钻探大队队长胡振民的指挥下，部署在冷湖五号构造高点上的地中四井开钻，承担钻探施工任务的是1219钻井队。9月13日，地中四井钻至650米，先是出现井涌，继而发生井喷，一股巨大的油柱夺口而出，喷势异常猛烈，日喷原油800吨，连续畅喷了三天三夜，原油流得满谷满坑。由于缺乏准备，一下子搞得非常紧张，从冷湖四号调来的满载着堵油大军的汽车及配合堵油工程的拉水车、救护车、消防车、拖拉机等，川流不息地直驰地中四井工地，一时间，把十几千米长的公路挤得水泄不通。冷湖探区立即组织人员筑堤堵油，井场周围成了一片油海，连野鸭也误把油海当成可以觅食的水域，纷纷飞下来，结果被原油粘住了翅膀，成了钻井工人的美味佳肴。

▲ 地中四井在冷湖四号构造见到油气显示

据老石油人李天福回忆，1958年9月13日中午12点，他们正在冷湖四号构造中十二井施工，突然接到区队的紧急通知，施工人员全部到地中四井去抢险。一群石油人放下手里的活，顾不上吃中午饭，开着通井车向五号构造疾驶而去。当时，他们不知道地中四井的确切位置，到了五号，远远就听见了井喷的嘶鸣。他们就循着声音赶到井场。只见天然气笼罩着井场，一条黑色油龙拔地而起，直冲云天，又泼洒下来，井口周围方圆四十米已被淤积的原油和天然气包围，人根本无法接近。负责现场指挥的总工程师刘树仁立即组织人员抢装井口装置。第一次冲上去的是马文才、黄福成等六个人。他们刚到中途就被强大的气流和原油冲倒在地，只好退回来。第二次组织了十二人，他们冲到井口，但是压力太大，无法进行安装。所以第三次的人数增加到二十五人，用六个人对扣，其余人用身体压着装置才对上了扣。压井装置刚装好，原油又从套管外喷射出来。石油人冒着起火的危险强

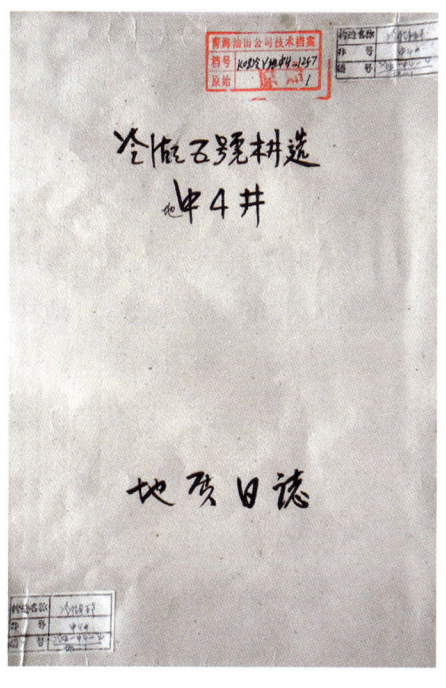

◀ 冷湖五号构造地中四井地质日志

行起钻,向井筒浇注水泥塞,英雄的石油人冒着生命危险终于制服了井喷。之后,石油人又奋战了七天七夜,清理现场,钻通水泥塞,使油井正常工作。

▶ 地中四井钻井地质总结报告

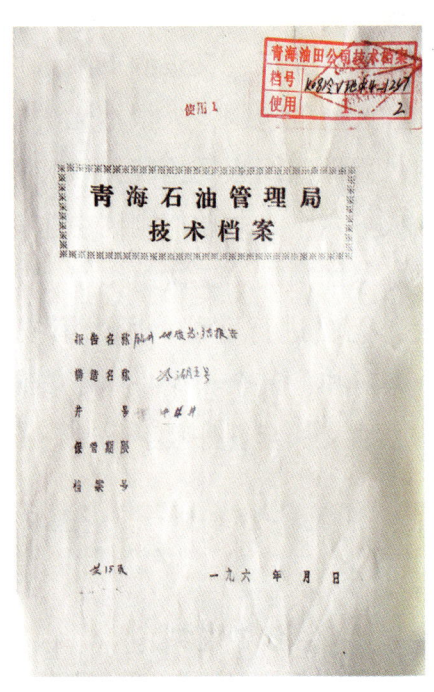

地中四井喷油,这在中国石油界引起极大的震动和惊喜,这是中国石油工人征服柴达木无人区的辉煌战绩。地中四井的喷油,预示着柴达木盆地上一个新的高产油田的诞生,展示了柴达木盆地的石油工业具有广阔而灿烂的前景。石油诗人李季听到冷湖喷油的喜讯后,激动万分,饱蘸笔墨,情真意切地写下了脍炙人口的著名诗篇《一听说冷湖喷了油》:

一听说冷湖喷了油,

原油流满戈壁滩,

戈壁变成大油海，
油光闪闪波浪翻。
……
一听说冷湖喷了油，
人人争把喜讯传，
盆地原是聚宝盆，
柴达木是祖国的大油田。
……

四、决战地中四

地中四井喷油，向世人宣布冷湖构造蕴藏着丰富的石油。地中四井喷油，也引起石油工业部的高度重视。石油工业部部长余秋里、副部长康世恩、副部长孙敬文先后来到冷湖，亲临冷湖探区部署指导，望着一派繁忙景象的井架和不断涌出的滚滚石油，部领导异常喜悦，为冷湖油田深度开发确定了阶段性战略目标，制定了"调整冷湖部署，暂时收缩茫崖、马海地区，集中力量，

▲ 青海石油勘探局第一个基地——茫崖帐篷城

回望石油发现井

加速冷湖地区勘探,拿下冷湖油田,为柴达木石油工业大发展打下基础"的方针。青海石油管理局党委随即决定,集中力量,猛攻冷湖,陆续抽调40多部钻机,在冷湖展开轰轰烈烈的石油大会战。一时间,冰冷的冷湖沸腾了,戈壁滩上,红旗招展,人声鼎沸,机声隆隆,沉寂了千年的荒野呈现出了前所未有的热闹景象,往日寂静的冷湖因地中四井喷油热闹起来。有一首打油诗生动描绘了当时如火如荼的热烈场面:"红军不怕远征难,石油战士岂畏艰。誓钻地壳千万孔,揭开冷湖大油田。"

地中四井的勘探突破,极大地鼓舞了青海石油人在柴达木盆地找大油田的信心,地震、钻井、测试等队伍云集冷湖,以地中四井为中心,在周边地区摆开阵势,昼夜奋战,不到半年时间,就相继探明了冷湖五号、四号、三号构造。

▲ 青海石油勘探局冷湖油田

1959年1月1日,青海石油勘探局更名为青海石油管理局,标志着青海石油工业开始步入勘探与开发并举的新阶段。

1959年2月20日,冷湖油田生产的首车原油运往兰州炼油厂。这一天,各地代表汇集冷湖,敲锣打鼓,热闹非凡。在冷湖五号构造刚刚落成的选油站场地上,举行了隆重的柴达木首批原油外运典礼。当大会主席宣布首批原油外运典礼开始时,人群中响起了雷鸣般的掌声。青海石油管理局局长李铁轮为首车原油外运剪彩之后,插着彩旗、披红戴绿的油车徐徐开动。在汽车上高挂着大幅标语牌,上面写着11个醒目的大字:"青海柴达木首次原油外运",标语牌之上是毛泽东主席的大幅画像。冷湖油田的发现,开创了柴达木盆地油气勘探的新纪元,为中华人民共和国的经济建设和国防建设做出了重要贡献。

▲ 青海油田首车原油外运

回望石油发现井

五、辉煌的冷湖

历史上冷湖是没有建制的,荒蛮的地域只是个地名。1959年9月,国务院批准冷湖建市。

1959年,冷湖油田年产原油29万多吨,1960年攀升到30万吨,成为继玉门、新疆、四川之后共和国石油工业发展初期的第四大油田。时任柴达木工委书记兼石油局党委书记的薛宏福,在北京开会期间,受到中央领导人的亲切接见。毛主席很关心盆地的开发情况,薛宏福汇报:井架一条线,油田一大片,绿洲望不到边,盐湖资源用不完。

1960年,为了在冷湖探明更多的石油储量、采出更多石油,一场数万人参加的石油大会战拉开了序幕。钻井队你追我赶,纪录不断被刷新。1213钻井队3个月完钻5口井,总进尺4572.8米,创造了中型钻机整体搬家105分钟的纪录。1216钻井队不甘落后,创造了85分钟中型钻机搬家的新纪录。随后,在冷湖五号构造上打井的钻井队,纷纷采用整体搬家的方法,钻井速度大大提高,年钻井进尺上万米的钻井队由1个上升到7个。

1965年,国民经济开始好转,石油工业部召开会议,调整柴达木盆地石油勘探部署,来自胜利、四川、玉门、新疆等油田的近10万石油大军再次汇聚冷湖,又一次打响了冷湖石油会战。陈贲负责编制冷湖油田开发方案,提出了冷湖油田是侏罗系生油层补给的新观点,总结出的冷湖油田断块油气藏富集规律对国内断块油田的研究起到了借鉴作用。在冷湖三号、四号、五号构造上钻机林立,公路两旁扎满了帐篷。冷湖油田生产的原油源源不断地运到玉门、兰州进行炼制,为青海、西藏的发展和西南地区的国防安全做出了重要贡献。

冷湖，这片沉寂的不毛之地，因石油而变得魅力无穷。

1985年，青海油田勘探开发重心向西部转移，大批人员调往花土沟。1996年，青海油田第一口科探井——冷科1井成功钻探，打破了冷湖油田沉寂了30多年的局面。2010年，冷湖油田年油气当量重新迈上20万吨的台阶。

如今，地中四井依然耸立在冷湖五号构造上。它是青海石油工业划时代的里程碑，也是柴达木石油人用青春、热血、汗水、智慧竖起的一座惊天地、泣鬼神的巍峨丰碑！这座丰碑，书写着柴达木石油传奇的辉煌。

▲ 冷湖五号地中四井纪念碑

回望石油发现井

　　1960年4月，青海省副省长李芳远陪同铁道部现场会议参观团来到冷湖。为了纪念地中四井，李芳远提议为地中四井立纪念碑，并题词"英雄地中四，美名天下扬"。从此英雄的"地中四井"成为青海油田的骄傲！

　　2004年，地中四井被中国石油天然气集团公司命名为企业精神教育基地。

　　青海冷湖，有一座碑不能忘记，有一口井名扬天下。地中四井，孕育了冷湖油田，沸腾了冷湖油田，成长了冷湖油田，它改变了柴达木石油勘探面貌。

▲ 青海油田地中四井企业精神教育基地

大庆油田发现井——松基三井

1959年9月26日,松基三井喷出工业油流,随后一场声势浩大的石油大会战拉开序幕。

习近平致信祝贺大庆油田发现60周年,贺信中指出:60年前,党中央作出石油勘探战略东移的重大决策,广大石油、地质工作者历尽艰辛发现大庆油田,翻开了中国石油开发史上具有历史转折意义的一页。60年来,几代大庆人艰苦创业、接力奋斗,在亘古荒原上建成我国最大的石油生产基地。大庆油田的卓越贡献已经镌刻在伟大祖国的历史丰碑上,大庆精神、铁人精神已经成为中华民族伟大精神的重要组成部分。

大庆油田发现井——松基三井

松基三井的喷油，揭开了松辽平原的神秘面纱，拉开了松辽勘探大会战的序幕。松辽石油勘探大会战是中国石油工业历史上最重要的，也是规模最大的一次会战。

邓小平在1958年听取石油工业部汇报时，就曾讲道："对松辽、华北、华东、四川、鄂尔多斯五个地区，要好好花一番精力，研究考虑。"石油工业部也下功夫，投入大量精力，重点研究松辽盆地。1959年3月，石油工业部党组把研究确定松辽盆地当年部署和具体措施作为当年工作的重中之重，要求地质勘探司要全力跟踪和指导松辽勘探局的工作。松辽盆地的突破，从第一口基准井开钻，到发现大油田，仅用了一年零两个月，这在中国石油勘探史上是一个最成功的范例，也是我国石油战略东移的重大突破。

松辽盆地是我国东北地区由大兴安岭、小兴安岭、长白山脉环绕的一个大型沉积盆地，松花江、辽河从盆地中流过，地跨黑龙江、吉林、辽宁三省，面积26万平方千米。20世纪上半叶，国内外一大批地质工作者曾在松辽盆地进行过石油踏勘和钻探，最终都无功而返。中国贫油论到处弥漫，能否打破这一谬论，关键就在松辽勘探之战。李四光、谢家荣、黄汲清、翁文波、陈贲

回望石油发现井

等一大批地质学家都曾指出,松辽盆地是大有希望的含油地区。苏联专家特拉菲穆克在考察中国地质情况后,也提出:松辽平原这个地区无疑值得以极大的重视,并开展区域普查,对最有远景的构造进行详查。中华人民共和国成立后,石油地质普查全面铺开,世人目光也开始聚焦松辽盆地。1958年2月,石油工业部和地质部共同发出"三年攻下松辽"的战斗口号。3月初,松辽盆地作为勘探的主战场正式拉开了中国石油工业战略东移的序幕。4月中旬,石油工业部成立松辽石油勘探大队。5月16日,将勘探大队改为松辽石油勘探处。6月26日,人民日报第三版发表消息,向世人宣告:"松辽盆地有石油,松辽平原不久将成为我国重要的油区之一。"这无异于一颗惊雷,在中国大地炸响。6月27日,松辽石油勘探处升格为松辽石油勘探局。短短几个月,连升三级,石油工业部分别从新疆、玉门、青海抽调大批精兵强将参加松辽会战,打响了松辽盆地勘探歼灭战。

1958年7月9日,松辽石油勘探局首先在盆地东北斜坡地区,即黑龙江安达县任民镇以东14千米处,开始钻探第一口基准井——松基一井。11月11日,松基一井完钻,井深1879米,钻穿白垩系,到达盆地基底的古老岩层上。这是一口区域探井,未见任何油气显示。第二口基准井——松基二井,由石油工业部松辽石油勘探局32115井队施工,井位在盆地南部的隆起区,即吉林省前郭尔罗斯蒙古自治县松花江南岸的登娄库构造,1958年8月6日开钻,9月15日完钻,井深2887.63米,钻遇一套致密的下白垩系地层,见到油气显示,未获工业油流。通过松基一井、松基二井建立了盆地地层层序,查明具有多套生油层、储油层、盖层组合,加上区域地质研究,进而明确了有利勘探方向,使勘探逐步向中央凹陷转移。

◀ 松辽盆地松基一井开钻典礼

由于前两口基准井均未获得工业油流，第三口基准井的井位确定就成了一个关键问题。第三口基准井井位定在哪里讨论了多次，从石油部到地质部，从松辽石油勘探局到石油部地质勘探司，从地质综合研究队到北京研究院，上至部长，下至地质研究人员，集思广益，研究讨论持续了半年之久。这口井，关系全局，牵动全国，成败在此一举，因此井位确定也就十分慎重。

1958年7月，松辽普查大队提出了松基三井井位的初步建议，1958年8月4日，地质部松辽石油普查大队在以（58）松油地字第10号文件发给松辽石油勘探局的《关于松辽平原第三号基准井井位位置函》中，提出将井位初定在吉林开通县乔家围子附近。松辽石油勘探局研究后，不同意井位意见，建议将第三号基准井定在大同镇电法隆起上，并向石油工业部地质勘探司电话汇报。地质勘探司认真研究后认为：南部已有深井控制，探明南部深部地层不是迫切需要解决的问题，况且井位没有定在构造或隆起上，不完全符合基准井探油的原则。9月4日，张文昭、钟其权共同起草了《松基3井及松参井井位意见书》。9月15日，

《松基 3 井及松参井井位意见书》以松辽石油勘探局 0127 号文件呈送石油工业部，抄送地质部。自此，松辽石油勘探局正式提出了松基三井的设计方案和依据，主要依据有 5 点：其一，井位位于松辽平原西部中段，在目前松辽盆地西部没有一口深井资料的情况下，迫切需要钻一口基准井，以了解西部含油气情况及地层岩性，并提供地区物理参数；其二，该井与松基 1 井、松基 2 井相距 90 千米以上，略成一等边三角形，符合基准井均匀分布原则；其三，井位定于高台子电法隆起上，根据电法资料，沉积岩厚约 2650 米，可钻达基岩，又可起探油作用；其四，在同一电法剖面上有三个隆起，高台子隆起仅是其中一个，通过松基 3 井的钻探，对另外两个电法隆起的含油情况可作进一步的估计，并能指出今后的工作方向；其五，交通方便，靠近哈尔滨至齐齐哈尔铁路。方案报送石油工业部地质勘探司审查后，经审查初步认为，大的方向是对的，但要真正的敲定井位还显得证据不足，资料不够，必须补充详细资料。之后，根据 5.1 型地震仪的最新地质剖面，结合电法资料，证明高台子构造是盆地中央地带上的一个局部圈闭，并依据新的地震资料微调原设计井位，由基准井研究队钟其权进行现场勘查，打桩定下了井位。9 月 24 日，松辽石油勘探局以 0152 号文件再次呈送石油工业部关于松基三井的井位设计。10 月上旬，基准井研究队确定了松基三井的井位，位于松辽盆地中央坳陷高台子隆起上，具体位置是黑龙江省肇州县大同镇西北，小西屯以东 200 米，高台子以西 100 米处。松基三井的井位与松基 1 井、松基 2 井相距约 90 千米，平面上呈等边三角形分布，处于不同的构造上，又是"坳中之隆"，位置十分理想，符合基准井井位布井原则，且大同镇交通相对方便，靠近哈尔滨至齐齐哈尔的铁路线，地理条件比较优越，经济条件也相对较好。11月14日，松辽石油勘探局向石油工业部呈报了松基三井的井位图和相关资料，呈送文件号为松辽局油勘地字0345号。11月20号，地质勘探司批复了"拟同意此井位"的意见并报送石油工业部高层领导批准。11月29日，石油工业部正式批准了松基三井的井位，文件号为油地第333号。

1959年初，松辽石油普查大队满怀信心地提出"揭开扶余、钓鱼台，大战大同镇"和"猛攻出油关，一切为了获得工业油流"的战斗口号。春节前夕，石油工业部对松基三井的有关资料再次进行审查和综合研究，康世恩对地质勘探司翟光明说：春节期间咱们就不要休息了，抓紧时间把松基三井的事情定下来，把松辽盆地的勘探部署好好讨论一次。1959年2月8日，时值农历猪年（乙亥）春节，石油工业部召开局厂领导干部会议，余秋里、康世恩等听取了松辽石油勘探局张文昭的工作汇报，重点研究确定松基三井的井位。会议在石油部大楼一间小会议室召开，由康世恩主持，白天开会讨论，晚上休会整理材料。会议连续开了三天，主要议题就是松基三井和松辽勘探部署方案。会议讨论得十分热烈，参加会议的有石油工业部李人俊副部长、地质勘探司翟光明，北京石油研究院余伯良，松辽石油勘探局李荆和、宋世宽和张文昭，翁文波也参加了讨论。会议反复论证松辽盆地石油勘探成果，同意了松辽的勘探部署意见，认为松辽盆地区域的基本地质条件认识较清楚，构造比较落实，近期找到大油田完全可能，并决定1959年要集中一定的力量大力开展石油勘探工作。会议总结出松辽盆地十大有利条件：①经过区域勘探证明松辽平原是一个巨大的沉积岩盆地；②经过区域勘探证明松辽盆地沉积

回望石油发现井

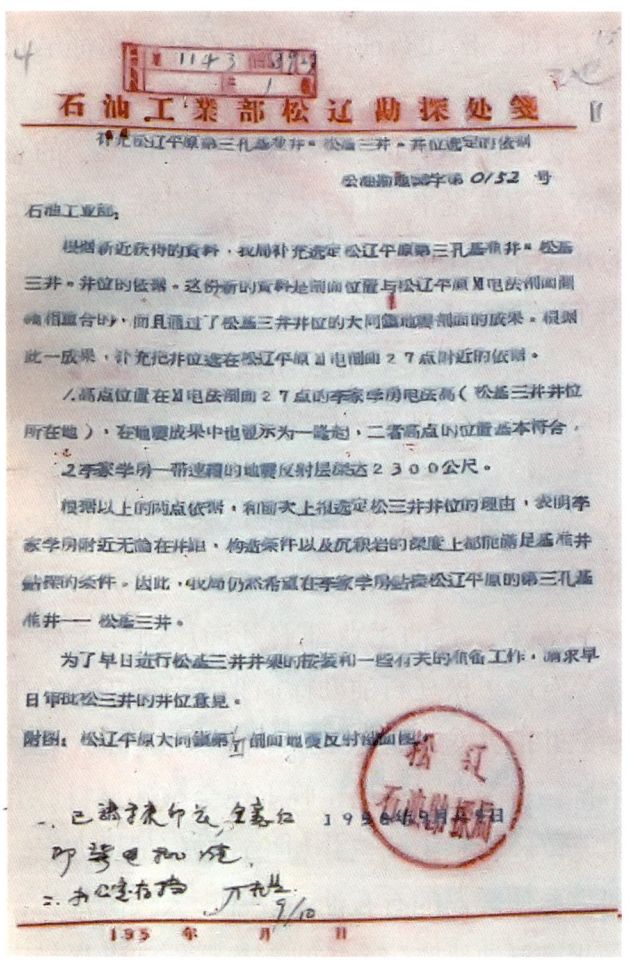

▲ 松辽石油勘探局0152号文件

岩并不薄，并有生油条件；③从地层岩性看，有很好的储油层和盖层；④有比较高渗透性和孔隙度的砂岩层；⑤已经发现和查明了面积较大的构造，有些构造准备得比较细致；⑥有广泛的油气显示，公主岭构造发现了24层含油砂岩，厚60米，平原中总共发现 6 个构造 30 口井见到油气显示；⑦地层可钻性和钻井条件较为有利，适于快速钻进；⑧地层岩性和电测曲线各具有特点，有利于分层对比；⑨地质、地球物理各种方法工作成果符合较好，有利于加速准备构造；⑩经济交通条件非常有利，发现的构造距铁路一般在 10~16 千米。

据 1959 年石油工业部局厂领导干部会议精神以及对松辽盆地勘探总结的十大有利条件，1959 年要在公主岭—洮南、德惠—泰来、拉林—景星、哈尔滨—甘南打出 4 条区域性综合大剖面，在大同镇、钓鱼台、华字井、长春岭、任民镇、隆盛合、团山子、扶余、八面城、乾安等 10 个构造上利用地震和地质浅钻进行构造详查，在公主岭、登楼库 2 个构造上进行工业钻探，在大同镇、扶余、长春岭钻探 3 口基准井。

康世恩指出，重力、磁力、地震资料都是第二性的，要找出油来还是要靠打井，真正看看地下是什么东西。康世恩对松辽的同志们说："我和勘探司的同志几次审查你们的方案，觉得从大的方面，方向是对的，但要定下井位，论据还不够充分，资料也不够齐全。现在，你们拿来了新的资料，同重力和电法资料相比较，对原井位做了小的改动，比较有说服力。"通过讨论，大家一致认为松辽盆地中央坳陷是有利的含油远景区，而处于中心部位的大同镇隆起是一个大型构造带。这个构造带上的高台子构造，显示明确可靠，松基三井井位定在大同镇高台子隆起上，这是大家一致的意见。接下来对设计井深、取心井段、有利的储油地层等进行了具体讨论。翟光明在讨论会上，把他自己对松基三井井位的具体思考讲得很透彻，分析了松基三井所在位置的地层水情况以及各种影响因素，搞清了隆起、坳陷之间的关系，把井

回望石油发现井

位定在重磁力的高带上,从凸起到深洼陷,再从深洼陷到隆起带,可以说是"坳中之隆"。康世恩听完了翟光明最后综合分析的意见,说道:松基3井经过反复核实论证可以批准开钻了,请勘探司尽快签署意见,也请松辽勘探局做好开钻准备。康世恩拍板确定后,外面迎春的鞭炮声也噼里啪啦响起来,初春的喜气开始洋溢在每个人的心中。松基三井是那一年迎春的第一朵红蕾,占尽春风第一枝。

松基三井的钻井任务由松辽石油勘探局32118钻井队承担。1958年,这个队由玉门矿务局调入松辽石油勘探局,是松辽盆地的第一支深井钻井队,在大庆油田的发现过程中做出了重要贡献。1959年4月11日,全部钻井设备运抵松基三井井位设计地点安装就绪,正式开钻。队长包世忠,副队长乔汝平,地质技术员朱自成。设计井深3200米,设计完井后由下而上逐层试油。

▲ 松辽石油勘探局32118钻井队钻探松基三井

为加快钻进速度，康世恩决定，千米以内井段不取心，这样，可为钻进赢取大量时间，以最快的速度揭开松辽的面纱，得以看到她的真面目。

1959年7月，松基三井钻至1050米时开始连续取心。钻井设计中要求取心长度为411.76米。由于当时取心技术水平有限，工具简陋，经验不足，取心过程没有严格按钻井取心设计完成。实际取心长度202.51米，见到含油显示砂层3.15米，油砂呈棕黄色，含油饱满，油气味十分浓烈，两次从钻井液中返出原油和气泡。张志松等技术人员对中途电测资料进行了解释，表明钻遇较好油层。

1959年7月22日，康世恩同志与苏联专家米尔钦柯、安德鲁也柯在哈尔滨听取松基三井钻井取心情况后，为争取时间，决定在1461.76米提前完井试油。余秋里同意了康世恩的意见。为保证固井质量，石油工业部专门派玉门石油管理局总工程师彭佐猷、赵声振、邱中建、蒋学明、陈樊营等试油、固井专家组成试油工作组，亲临松基三井现场，指挥、组织射孔试油工作。

1959年8月29日，完成固井作业后，经测试，各项指标合格。1959年9月6日，松基三井第一次射孔，射开层位高台子油层，开始试油。射开1357~1382米井段的三个薄油层后，井口无任何显示，液面下降，形势不容乐观。为了避免钻井液对油层的长时间浸泡，伤害油层，康世恩提出，要尽快把井筒内的钻井液和水捞出来，井筒内的钻井液液面越低越好，尽可能全部捞出。按康世恩的要求，井队完成了固井、射孔、提捞作业，工人们日夜奋战，不辞辛苦，经过20多天的艰苦努力，一桶桶地提液，清除井筒中的钻井液，一步步向地下沉睡的"油龙"靠近，这一

回望石油发现井

招非常见效。现场的人们渐渐感觉到了"油龙"的呼吸,感觉到"油龙"蠕动爬行的动作,不久这条巨龙就要喷涌而出。

1959年9月26日,液面恢复到井口并开始外溢。康世恩立即下令:抢下油管,准备放喷。油管下井完毕,已是下午4点钟,采用8毫米油嘴开井后,压力十足。经测试,日产原油13.02吨。沉睡的"油龙"惊醒了,这是一个石破天惊的日子,这是一个值得牢记的日子,这是一个令世人震惊的日子,松基三井喷出了工业油流,棕褐色的原油喷涌而出。井场上顿时沸腾了,工人、技术人员欢呼雀跃,对天长笑。为庆祝这一胜利,向黑龙江省委、省政府,吉林省委、省政府,石油工业部发了报捷电。27日,黑龙江石油勘探大队党委书记关耀家带上两瓶棕褐色原油和报捷书去哈尔滨报捷。

▲ 1959年9月26日松基三井喷出工业油流

喜讯迅速传遍松辽大地，传到哈尔滨，传到长春，传到北京，传到中南海，传遍全国。值建国十周年之际，时任东北局第二书记、黑龙江省委第一书记欧阳钦提议将大同改名为大庆，大油田就叫"大庆油田"，这个名字不仅响亮，而且意义深远。"大庆"从这一天起叫响全国，享誉世界。为庆祝这一胜利，32118钻井队大班司钻王顺登上天安门城楼向党和国家领导人报捷。

▲ 中共黑龙江省委第一书记欧阳钦（中）视察松辽探区

松基三井的喷油，大庆油田的发现，不是偶然的碰运气，而是在正确的理论指导下，贯彻了正确的方针，采取了正确的方法，进行了大量艰苦工作的结果。自此，邓小平提出的石油工业战略东移的构想，终于在实践中显示出了无比的睿智，"东北搞出来了，也会跳出来。"就在邓小平指示后的一年零八个月，东北真的"跳"出来了。

松基三井的喷油，以势不可挡的气势急速奔涌，它唤醒了东北大地的油海，标志着大庆油田的诞生。大庆的出油，彻底打破了中国贫油的谬论，证实了陆相生油理论的正确，也催生了胜利、辽河、华北、江苏、江汉等一个个油田的诞生。大庆油田的发现，随之开展的大庆石油会战的胜利，促成了思想大解放和石油地质理论的大发展。

松基三井的喷油，孕育出一场声势浩大的石油大会战。1959年10月，石油工业部批准了56口探井的钻探规划，明确了下步石油勘探的主要任务，重点是在大同镇长垣的葡萄花、太平屯、杏树岗、宝山、萨尔图构造开展预探工作，探明各构造的含油性。11月，余秋里提出"大战松辽"，1960年的主要任务是要拿下大油田。这期间，为加速钻探，余秋里提出了"三点合一"的钻探部署：第一类井不取岩心，加速钻进，加强综合录井，搞好电测工作，取得完整资料，迅速控制含油面积；第二类井在油层部位取心，掌握油层特征，为计算储量取得参数；第三类井是在构造边部的探井，通过分组试油，确定油水边界。这样，把三类井中取得的录井岩心、电测和试油三方面的资料综合在一起，相互验证，就能够大体了解和圈出含油范围和油层情况。1960年2月，石油工业部党组在北京召开扩大会议，准备开展石油大会战，"集中石油系统一切可以集中的力量，用打歼灭战的办法，来一个声势浩大的大会战"，要求部机关以一半的力量指挥和参加会战。1960年2月13日，石油工业部党组向中央提交了《关于东北松辽地区石油勘探情况和今后工作部署问题的报告》。21日，中央批转这份报告，以中发（60）129号中国共产党中央委员会批示的形式，向上海局、黑龙江、吉林、辽宁、甘肃、青海、四川省委、新疆维吾尔自治区党委；国家计委、经委、建委党组；地质、冶金、一机、农机、铁道、交通、建工、劳动、外贸、水电、邮电、石油部党组批转了松辽大会战的《报告》。中共中央指示："石油部为了加快松辽地区石油的勘探和开发工作，准备抽调各方面的部分力量，进行一次'大会战'，这一办法是好的，请各地在不太妨碍本地的勘探任务的条件下，予以支援。我国的石油工业特别是石油地质勘探工作，在两年中有了较快的发展，但目前仍然是一个薄弱方面。积极地、快速地进行松辽地

▲ 中共中央批准石油工业部组织松辽石油会战的文件

回望石油发现井

区的石油勘探和开发工作,对于迅速改变我国石油工业的落后状况,有着重大的作用。"这是一场特别的战役,这是一场艰苦的战役,这是人类挑战自然的极限运动,也是人类挑战自我的极限运动。

1960年2月21日至3月4日,石油工业部在哈尔滨召开了松辽石油会战第一次筹备会议,传达中央指示,成立会战领导小组,康世恩任组长,副组长由唐克、吴星峰担任,成员由部机关各司局、研究院、新疆、玉门、松辽、川中、青海等各部门主要领导干部组成。会议确定了石油大会战的三项任务:第一,在2000平方千米的面积上甩开勘探,争取打200口左右的探井,迅速探明含油面积,找到10亿吨左右的储量;第二,选择已经探明的有利地区,打出200口左右的生产试验井,进行油田开采试验,实行早期注水,当年生产原油50万吨,年底日产达到4000吨的水平;第三,在大庆长垣以外的附近地区进一步开展地震勘探,完成地震测线4万千米,选择有利构造进行钻探,争取再找到一些新的油田。

会议之后,全国各地的人马立刻挥师北上,从祖国的四面八方陆续汇聚萨尔图,参战队伍来自37个单位,而且是自带设备。不到两个月,汇聚了70多个钻井队,3万多人,从南到北摆开了战场。

为加快勘探的速度,扩大成果,会战领导小组根据专家的意见,决定在萨尔图、杏树岗、喇嘛甸三个构造的顶部各钻一口探井,分别为萨1井(后改为萨66井)、杏1井(后改为杏66井)、喇1井(后改为喇72井)。1960年3月11日,萨尔图第一口探井萨1井喷出高产油流。紧接着,杏1井4月8日喷油,喇1井4月25日喷油,越往北,油层越厚,产量越高。后来人们都称这三口井是"三点定乾坤",传为佳话。

1960年3月25日,在哈尔滨召开第二次松辽会战筹备会议,决定部机关党委组成会战期间党的临时办事机构,各司、局干部和原松辽局机关组成行政及生产职能部门,全部到黑龙江安达前线办公。1960年4月9日,石油工业部党组在安达县召开大庆油田第一次技术座谈会,余秋里和康世恩分别主持会议。

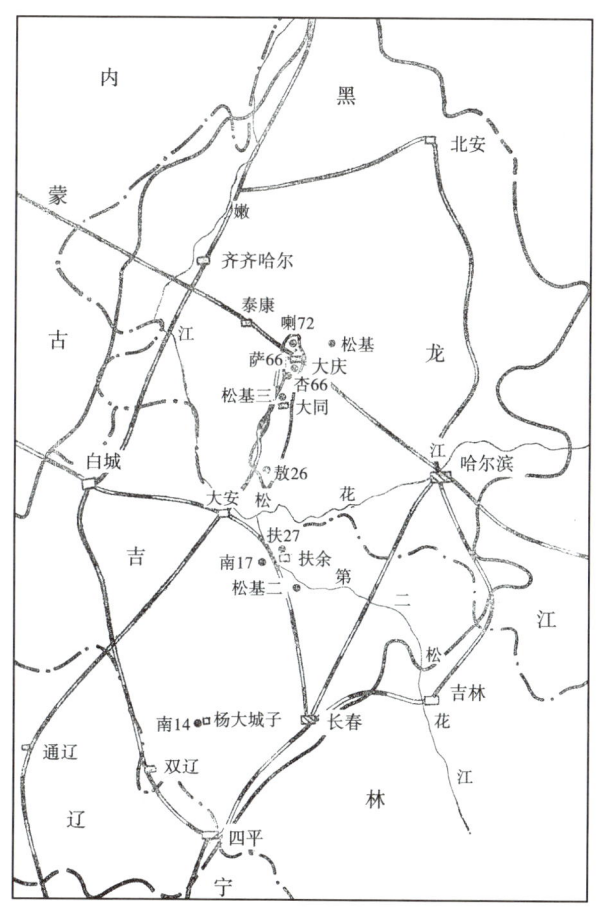

▲ 松辽盆地勘探初期重点井位图——三点定乾坤

余秋里在会上明确指示："油田勘探同战争中对敌情的侦查一样，必须了解'敌情'，重视地下，狠抓第一性资料。我们搞的，侦查和进攻的对象是地下油层，必须把地下油层的面积、深度、各层厚度及各种参数等方面的情况侦查得清清楚楚，有半点马虎都不行。这不是一般的工作方法问题，而是对人民的事业负责，是坚持不坚持唯物论和辩证法的原则问题。部党组坚决地提出一定要把取全取准资料放在首位，作为认识油层、制定科学勘探开发油田的依据。"经过大家讨论，地质家们普遍认为：搞好油田勘探开发，首要是要搞清油田地下情况。认识和搞清油田地下情况的唯一途径，必须从地下入手，掌握充分的全面的准确的地质资料。之后，地质技术人员就提出了油田勘探要立足于第一性资料的齐全准确，制定了一口探井必须取全取准20项资料、72项数据和"四全""四准"的要求。"四全"是指录井资料齐全、测井资料齐全、取心资料齐全和分析化验资料齐全。"四准"

▲ 1960年大庆油田第一次技术座谈会

是指测量压力要准、油气水计量要准、各种仪表要准和各种资料样样准。根据这些要求,终于找到了打开、了解、认识和掌握油田地下情况的钥匙,找到了认识油田客观规律的途径,不仅成为大庆油田勘探开发的基本要求,也成为日后石油工业勘探工作的一项基本法规。

1960年4月29日,以萨尔图大草原"石油大会战誓师大会"为标志,一场举世闻名的松辽石油勘探会战全面铺开。5月份,在萨尔图油田圈定了480平方千米的含油面积后,开辟了30平方千米的生产试验区,历经三年生产实践,在实践、认识、再实践、再认识的反复过程中,多次召开油田开发技术座谈会,采取领导干部、技术干部和工人"三结合"的方法,先后提出过130多套开发方案,经过认真分析对比、技术论证和生产试验,到1962年底,正式编制完成萨尔图油田第一阶段146平方千米的开发方案。

▲ 1960年4月,大庆石油大会战万人誓师大会

回望石油发现井

  松辽石油勘探会战实现了油田勘探的高速度、高水平、高效益，是在极其困难的条件下，依靠自己的技术力量完成的，实践证明油田勘探开发达到了国内外先进水平。1962年，叶剑英视察大庆油田时曾赋诗一首，"大地沉沉睡万年，人民科学变油田。一场会战十三路，预祝高歌唱凯旋。"充分肯定了科学技术对大庆油田开发的作用。松辽石油勘探会战自觉地运用《矛盾论》《实践论》哲学思想指导石油勘探开发的全部工作，在石油地质理论、科学技术、企业管理和思想工作等各个方面实行了一系列的变革和创新，开辟了独立自主、自力更生发展中国石油工业的道路。松辽石油勘探会战的胜利，是中国石油工业发展史上的一个重要里程碑，促进了石油工业的全面发展，使石油工业从国民经济的一个薄弱环节，转变为一个重要的能源生产部门，从根本上改变了中国石油工业的面貌，开创了中国石油工业的新纪元，结束了我国东部无油的历史。1960年6月1日，大庆首列原油外运列车，发往辽宁锦西东北石油五厂。

▲ 1960年6月1日，大庆首列原油外运剪彩仪式

好一个传奇的松基三井,大庆油田开发建设的一个原点,中国石油工业史上的一座丰碑。松基三井1959年9月26日喷油。1983年11月7日,安装CYJ5-2.5-26B抽油机投产,正式进入机械采油,日产油10吨。1988年7月25日关井停产,累计产油1.01万吨。

▲ 松基三井完井喷油纪念碑

1960年3月,钻井队长包世忠组织在松基三井原址立下"大庆第一碑"——松基三井完井喷油纪念碑,碑身为砖混结构,碑座基高0.88米,碑座展幅5.2米。2011年11月8日,这座老纪念碑被大庆新闻传媒集团迁建于广电大厦骋怀园内。

1986年12月,松基三井被列为黑龙江省省级文物保护单位。

1989年,中国石油天然气总公司决定重建松基三井纪念碑,康世恩同志题写了碑文"大庆油田发现井——松基三井"。1989年9月26日,时任中国石油天然气总公司总经理王涛亲临现场,为修葺一新的松基三井纪念碑剪彩、揭幕。

回望石油发现井

◀ 1986年12月,松基三井被列为黑龙江省级文物保护单位

▲ 大庆油田发现井——松基三井

大庆油田发现井——松基三井

1990年，松基三井被大庆市团委、市少工委命名为大庆青少年教育基地，由康世恩题字。

▲ 松基三井纪念碑碑文

1995年，松基三井被中共大庆市委、人民政府命名为爱国主义教育基地。

2001年，松基三井被国务院列为第五批全国重点文物保护单位，成为中华人民共和国最年轻的历史文物。

▲ 松基三井被列为全国重点文物保护单位

2004年4月,松基三井被中国石油天然气集团公司命名为中国石油企业精神教育基地。

2005年6月,松基三井被中共黑龙江省委、黑龙江省政府命名为第四批省级爱国主义教育基地。

▲ 爱国主义教育基地——松基三井

2009年,为纪念大庆油田发现50周年,大庆油田对松基三井教育基地进行了整体改造,竖立了反映大庆油田勘探开发重要节点宏大场面的巨型浮雕。浮雕长60米,正面似一面迎风飘扬的红旗,寓意大庆油田为中国工业战线上一面高扬的旗帜,浮雕通过"战略东移确定井位""百里搬迁提前试油""喜喷油流""定名大庆"四幅场景的再现,与栩栩如生的群英刻画,聚焦了"大庆从这里走来"的纪念主题。井场恢复试采时原貌,安装了大型采油树,通体深灰色,6个阀门的手轮漆成了鲜红色。后面由30吨重花岗岩石建造的纪念碑,主碑形似虎卧,正面朝东,象征我国石油工业如东方红日蓬勃向上。顶面是大庆长垣轮廓图,两侧是油砂体和井口喷出的油花,正面金色大字书写康世恩题写的碑文：大庆油田发现井——松基三井，背面是松基三井钻探记事的碑文。碑体坐落在两层浆砌花岗岩条石碑座上，上层碑座北高南低，下层碑座平面近似椭圆形，正面和背面各镶嵌一块大理石，镌刻着23位为发现大庆油田做出重大贡献的科学工作者的名字：李四光、黄汲清、谢家荣、韩景行、朱大绶、吕华、王懋基、朱夏、关士聪（地质矿产部）、张文昭、杨继良、钟其权、翁文波、余伯良、邱中建、田在艺、胡朝元、赵声振、李德生（石油工业部）、张文佑、侯德封、顾功叙、顾知微（中国科学院）。

▲ 大庆油田发现井巨型浮雕

2009年9月26日，大庆油田举行松基三井修葺工程落成揭幕仪式，中国石油天然气集团公司副总经理曾玉康，原副总经理张轰为松基三井浮雕"旗帜"揭幕。

吉林油田发现井——扶二十七井

　　1958年,按照国家"三年攻下松辽"和"尽快在东北找到大油田"的要求,松辽石油普查勘探大队相继发现扶余Ⅰ号、Ⅱ号和Ⅲ号构造。1959年9月29日,在黎明的曙光中,扶27井喜获工业油流,与松基三井南北呼应,成为松辽盆地存在大油田的最有力佐证。从此,吉林油田开发建设揭开了波澜壮阔的一页,在广袤的松辽大地上谱写出了一曲曲激荡人心的奋斗之歌,在共和国石油开发历史上写下了辉煌的篇章。

中华人民共和国成立之初,国家百废待兴,工农业生产以前所未有的速度向前发展。在国际上,西方资本主义封锁,能源紧张问题日益突出。贫油,像是一个"魔咒",高悬在中国人的头顶挥之不去,严重制约国民经济发展,国家安全也受到威胁。朱德总司令曾忧心忡忡地说:"没有石油,坦克飞机还不如打狗棍。"

1953年,毛泽东主席、周恩来总理就中国石油前景问题询问了当时的地质部部长李四光。李四光依据石油生产和储存的地质条件,深信中国有着丰富的油气资源。1953年至1955年,谢家荣、李四光、翁文波等地质学家,都将松辽盆地划入含油气远景区。此外,阮维周、潘钟祥、高振西、侯德封、张文佑等地质学家从我国地质条件出发,提出陆相沉积可以生油的新理论,相信松辽盆地有较好的含油气远景。根据李四光等地质学家陆上沉积找油理论,地质部开始在中国最大的陆上沉积盆地——松辽平原进行石油普查勘探。

1955年6月,地质部向东北地质局下达石油踏勘任务。8月,一支由韩景行带队、6名大学生组成的松辽盆地石油地质踏勘组(即地质部第二普查大队前身),在盆地东部沿第二松花江而上，在吉林—老少沟、沈阳至哈尔滨铁路两侧踏勘，发现有荧光反应和夹有油味甚浓的泥岩，提供了吉林地区进一步进行石油勘探的决策依据，迈出了在东北找油的第一步。9月，东北地质局组成以韩景行为组长，束庆成、王胜、陈本善、赵福洪等5人组成的踏勘小组，初步设计了三条踏勘路线：一条是沿第二松花江两岸进行调查；一条是自长春市沿长大铁路以东，大黑山山脉西侧进行踏勘至沈阳；另一条是沈阳至阜新。踏勘小组在东三道沟和闵家屯附近发现了丰富的介形虫化石和油味很浓的灰色泥岩，敲打时具有沥青臭味。在第二松花江南岸老少沟，发现较多中新生界地层露头。这是最早建立和命名的所谓白垩系—第三纪"松花江统"地层的标志地。开启了松辽盆地油气勘探史上的一个新纪元。

1956年1月1日至5日，地质部在北京召开第二次全国石油普查工作会议，会议决定组建以负责全松辽盆地石油地质普查为主要任务的松辽石油普查队（即157地质队，以原东北地质局探勘组为基础组成）和地球物理探矿局北方大队112物探队。1956年2月，东北地质局157地质队按照上级部署，开始在松辽平原进行区域性地质、地球物理预查工作，部署了横贯平原的区域性综合地球物理大剖面5条，沿松辽盆地边缘及其附近山区进行1∶100万线路普查。为使地质、物探相互配合，157地质队开始地质调查工作，在物探区域部署了500~1000米的剖面钻探工作，并进行测井工作。初步了解松辽盆地轮廓，并认为盆地内中生界具有生油、储油条件，具备了含油远景。同时，在公主岭、杨大城子、德惠、农安一带进行浅井钻探，开始了吉林地区的石油钻井。通过石油地质普查，认为松辽盆地具有良好的石油勘探前景，为扶二十七井的发现奠定基础。

1958年4月17日，地质部松辽石油普查勘探大队501机台，在吉林省前郭县达里巴村钻探地质剖面井南14井，队长林永明，地质员刘凤宝，首次在松辽盆地姚家组（今葡萄花组）钻遇含油砂岩，这是松辽盆地油气勘探史上首次发现直接含油显示和油浸砂岩，预示着松辽盆地发现大油田。

1958年6月26日，新华社发出《松辽平原有石油》的电讯稿，人民日报在报道这一消息时说："松辽平原不久将成为我国重要的油区之一。"7月2日，地质部何长工副部长给松辽石油普查大队致电祝贺，贺电中说："在你们最近获得的成果中，证实了松辽平原将成为我国主要油区之一，这是一件喜事""中央非常重视和关怀你们，并寄予极大的希望。"

1958年，地质部和石油工业部联合发出"三年攻下松辽""尽快在东方找出油田"的指示。忧心如焚的石油人，决定在松辽盆地放手一搏，并明确提出了"揭开扶余、钓鱼台，大战大同镇"和"猛攻出油关"的行动方针。在黑龙江省，石油人背水一战，将火力集中在第三口基准井——松基三井上。与此同时，在吉林省，石油人将全部希望寄托在辽金故地——扶余西部地区，根据地质部松辽石油普查勘探大队建议，经石油部和苏联专家商定，将工作重点转移到扶余地区三号构造高点上，并决定钻出10口剖面井。

1958年4月17日，吉林省前郭县达里巴村的南17井首次在姚家组发现油砂。随后，相继在吉林省的杨大城子及黑龙江省的肇源县发现油气显示，坚定了在松辽盆地进行石油勘探的信心。

在发现含油构造的基础上如何获得工业油流，松辽石油普查

回望石油发现井

大队党委提出了"一切为了获得工业性油流"的战斗口号,主要解决试油的设备和技术问题。地质部门搞石油普查,缺少试油装备和技术力量,获得油流是个大难题,但是根据东部隆起带上的油层埋藏浅、压力低的特点,在浅钻孔内,采取简易办法,封隔上部水层,保护油层,有可能试出油流。为了攻克这一难关,由党委书记张立业挂帅,组成了由领导干部、工人、技术人员组成的"三结合"攻关试验小组,解决封隔水层关键的工具和技术问题。开始采用黄豆、海带等封隔水层的办法,分别在杨大城子构造的南14井、登娄库构造的登1井和扶余Ⅰ号构造的扶3井进行测试和试验,均未获得理想效果,最后由金世海、康殿恒、杨庆等一起研制了"土派克"——钢质坐压式滑套封隔器,首次在扶二十七井试验成功。

1959年9月6日,地质部松辽石油普查大队二区队513机台(钻井队)在位于吉林省扶余县(今扶余市)扶余镇雅达红村的扶余3号构造上开钻扶二十七井,钻井队长张凤玉,地质技术员代炽文、田润贵,地质队指导员夏群。

钻这口井的钻机,型号为KAM-500型,是一架煤田钻机,效率非常低。眼看离中华人民共和国十年大庆越来越近,扶二十七井原设计要钻探4个砂岩组,只钻到两个油层。就在这时,一个意外让钻探有了无心插柳的发现。地质技术员田润贵在钻井液里发现了油花。9月25日凌晨,地质技术员田润贵突然大喊:"大家快来看这是什么?"地质员代炽文在新疆实习时见过石油,他连忙跑过来,闻着有油味,捻捻挺滑的,确实是油花。有油花只能说明有油层,但不一定有工业油流。那么,接下来究竟能不能发现足够厚的油层呢?这需要试油。可是,这口井只打了一半，如果提前完井试油，势必有半途而废的风险。这个责任由谁来负？而且，要在400多米的地下、这么浅的油层打出石油，本身就是世界石油史上的一个传奇。就在一筹莫展之际，松辽石油普查大队党委书记张立业等领导和技术人员闻讯赶来。为了早日突破出油关，张立业果断下令：射孔试油。

▲ 时任松辽石油普查大队党委书记张立业在扶二十七井钻井现场

9月25日，于泉头组第四段地层钻遇油砂，完钻井深404.49米，套管尺寸108毫米。由于没有专业试油设备，完全靠土办法完井，就用原钻机上的绞车钢丝带动捞筒，采用提捞的方法试油。经排液降压，9月27日，油水同产，在扶余Ⅲ号构造雅达红高点首次利用"土派克"试油，封隔成功，获得了白垩系泉头组四段工业油流，测试日产原油2.5吨，9月29日，经过66小时40分钟的提捞，累计获得原油3.567吨。从而证实了扶余构造是一个含油面积大、储量丰富、油层埋藏深度300~500米的油藏。

回望石油发现井

扶二十七井出油那一刻，整个松嫩平原似乎都沸腾了，有的人在井场情不自禁地坐在地上放声大哭，压抑已久的兴奋、按捺不住的惊喜，在那个历史节点瞬间爆发。时任松辽石油普查大队综合研究队副队长丁正言，是名年轻活泼的女同志，她禁不住带头把石油往对方的脸上、手上、衣服上抹，欢笑声一浪高过一浪，一朵朵油花"盛开"在人们的脸上，大家就用这样一种特殊的方式表达心中的喜悦……

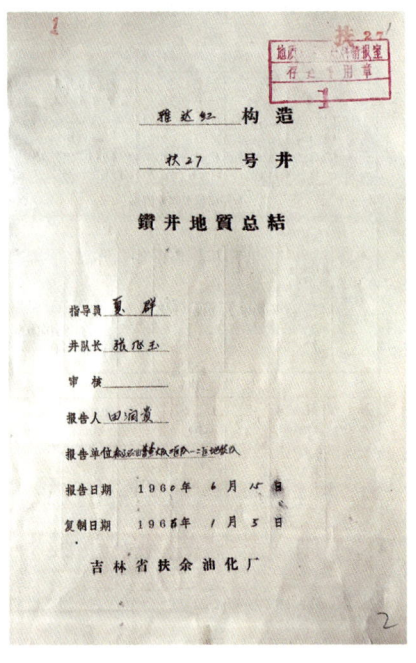

◀ 扶二十七井钻井地质总结

扶二十七井成为扶余油田第一口发现井，是吉林油田诞生的标志，也拉开了吉林油田开发建设的序幕。扶二十七井见证了吉林油田从无到有，从小到大，从弱到强的发展历史，浓缩了吉林油田开发建设的艰难历程，也凝聚着吉林油田不同发展阶段所形成的企业精神。

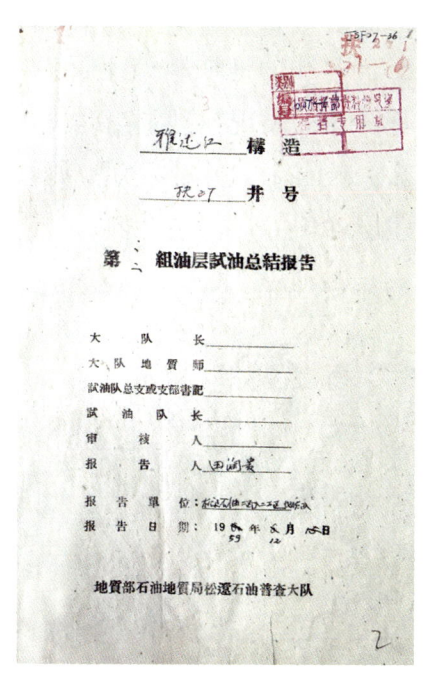

▶ 扶二十七井第三油层试油总结

　　扶余地区的突破，使松辽盆地形成了江南扶余、江北大庆两大重点工作区域，为保证两大探区工作同步开展，1960年4月，地质部、石油工业部和吉林省政府领导在吉林长春召开由吉林省政府、长春地质学院、吉林省重工业厅、吉林省地质局、地质部松辽石油普查勘探大队、东北石油物探大队和石油部松辽石油勘探局吉林勘探大队参加的联席会议。地质部副部长何长工、吉林省副省长于克主持会议。

　　地质部副部长何长工和石油工业部部长余秋里、副部长康世恩在哈尔滨商定，将松辽石油普查勘探开辟为江南、江北两个战场，并成立"江北、江南指挥所（部）"。江北指挥所由石油工业部部长余秋里统一指挥，江南指挥所由地质部统一指挥。江南指挥所提出"建立地方探采力量，尽快实现5万吨原油产能"的

回望石油发现井

目标，以期在发现扶二十七井的基础上寻求更大突破。1960年9月，在扶二十七井的地质构造上又有14口井获得工业油流。如果说，松基三井的发现找到了当时国内储量最大的油田——大庆油田；那么，扶二十七井的发现，则找到了我国迄今为止最大最好的整装浅层油田——扶余油田。

▲ 吉林扶二十七井喷出工业油流

1959年9月28日，地质部和石油工业部联合向吉林、黑龙江省委发出向奋战在松辽平原找油第一线的职工致电祝贺，对松辽平原出油给予高度评价："这是石油勘探战线上的重大胜利，是你们向伟大的中华人民共和国成立10周年献的厚礼。""特别在东北工业区发现油田，更有重大的政治经济意义。""松辽地区能够顺利发现工业价值油流，首先是由于地质部石油普查大队和物探大队进行了艰苦的工作，以及松辽石油勘探局全体职工积极努力。""从此松辽地区的石油勘探工作进入确定油田，探明储量的新阶段。"

扶二十七井，这口英雄井的诞生，不仅开创了吉林省的石油工业，而且逐渐形成了吉林石油人"艰苦奋斗、持续发展、主动加压、多做贡献"的企业精神核心，鼓舞着一代又一代石油人勇敢战胜各种困难与挑战，全力保障国家能源安全。

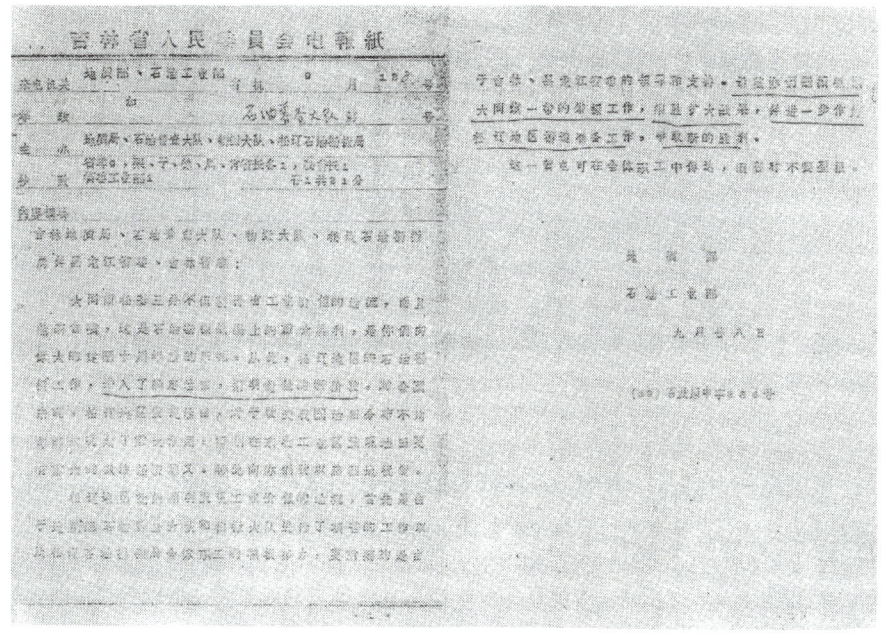

▲ 地质部和石油工业部贺电

吉林石油职工曾喊出"挺起腰杆，站稳脚跟，宁可不要工资，也要保住油田"的响亮口号，时任地质部松辽石油普查勘探大队党委书记的张立业提出"发奋图强，大搞生产，以矿养矿，准备发展"的战略思路，迈出了吉林油田坚实而充实的第一步。

1970年，吉林油田会战开始，会战指挥部详探松南中央凹陷，先后完成地震剖面4742.9千米，钻井进尺42.34万米，探明红岗、木头、新北、新立4个油田，发现了双驼子、大安、前郭、农安、新民等含油构造,并在梨树茅山找到天然气,迎来了储量增长的第一个高峰期。

▲ 图10-6　吉林油田会战誓师大会

1989年9月,吉林油田管理局局长张立业为吉林油田第一口发现井——扶二十七井揭牌,并题写了碑文。

▲ 吉林第一口出油井纪念碑

2006年9月29日，吉林油田公司为扶二十七井重新立碑，并被确定为吉林油田公司企业文化建设传统教育基地。

▼ 扶二十七井纪念碑碑文

胜利油田发现井——华八井

华八井,华北地区第一口喷出工业油流的井,渤海湾盆地第一个油田——东营辛镇油田的发现井,自此打开了渤海湾盆地地下宝藏迷宫的大门。

1965年春,石油工业部召开局厂领导干部会议,康世恩在会上讲到:"渤海湾石油会战取得了突破性进展。张文彬在东营打出了油,杨文彬在大港打出了油,为国家找到了胜利、大港两个油田,向这次会议报了喜,我们向他们表示热烈的祝贺!"

1960年,松辽盆地全面展开石油大会战,与此同时,东部渤海湾地区也开展了一定规模的石油勘探工作。大庆油田的发现,大大提振了石油地质家们的士气,深深启发和鼓舞了石油工业的领导者和组织者们,中国的地质条件也能产生大油田的观点普遍得到了接受和认可。像中国这样的大国,幅员辽阔,只有一个大油田是远远不够的。能发现大庆那样的大油田,也一样能发现其他大油田。必须找到更多更大的油田,探明更多的油气资源,满足国内经济飞速发展的需要。

大庆会战之后到哪里去?哪里是下一个战场?石油工业部领导苦思冥想,最终答案就是:"进关,大战渤海湾!挺进华北平原!""余康"下定决心,转战渤海湾,再抓一条大鱼,从渤海湾里再抱出一个"金娃娃"。

渤海湾盆地覆盖辽宁、河北、山东、河南、天津、北京六个省市,面积达20万平方千米,地表平坦,有三分之二的面积为平原,并向渤海海域延伸,这是发生在大约2.1亿到6500万年前"燕山运动"的杰作,这是沧海桑田巨变的结果。这里地下蕴藏着丰富的油气资源,期待着被开发。中国早期的地质学家们给予这片神奇的土地极大的关注,似有预感,更有召唤。

渤海湾盆地地下地质结构与地面的平坦形成巨大的反差，地面广阔无垠，地下复杂多变。在地质构造上有沧县、埕宁、内黄、海中四个基岩隆起，再细分割成济阳、黄骅、辽河、冀中、临清、渤中六个坳陷区，其间断层、凸起密布，大大小小断陷几十个。

石油工业部成立之前，渤海湾地区的地质普查就已经陆陆续续地展开了。1955年，地质部成立华北石油普查大队，又称226队，驻地济南市，开始在华北大平原开展石油综合勘探，11月，华北石油普查大队编写《华北平原石油普查地质报告》，认为华北盆地为中、新生代沉积盆地，有凹陷和隆起存在；其奥陶系、石炭系、侏罗系及古近—新近系可能为生油岩系；找油对象一是古生界，二是新生界。1956年，石油工业部成立华北平原综合研究组，在山东地区开展工作，当时只有简单的重磁力资料。地震勘探技术水平较差，获得的资料数据品质也很差。因此，两支队伍合二为一开展工作，联手作战，进行重力、磁力的区域普查，部分区域还开展过电法、地震大剖面和地震面积详查，重点区域构造钻探基准井。1956年4月15日，石油工业部西安地质调查处华北石油钻探大队在河北省南宫县（今南宫市）成立，配备乌德钻机3部，承担华北地区石油钻探任务。

1960年开始，在济阳地区进行了1:10万的重力详查，在东营地区完成了1950平方千米的电法面积测量，在青城地区完成了1679平方千米的电法面积测量。在济阳坳陷东营凹陷北部1500平方千米范围内，进行了地震普查和详查，剖面长度1000千米，发现了东营构造带。

受苏联地质勘探经验和川中会战失利的影响，华北平原勘探初期基本是打大剖面，钻参数井。"打凸起，占凹陷"是当时的主要做法，华一井、华二井、华三井、华五井连起来就是一条南北大剖面。从河北到河南，再从河南到山东，转圈似的在华北地区钻探。勘探进行得很不顺利，空井一口接着一口。1956年10月26日，华北平原第一口基准井——华一井开钻，华北石油钻探大队32104钻井队承钻。1957年11月30日，华一井完钻，完钻井深1936.7米，在明化镇隆起构造带上，从古近—新近系一直打到奥陶系，未见到油气，是一口空井。接下来，在河南开封坳陷钻探华二井和华五井，在山东临清坳陷钻探华三井、华四井和华六井，在山东济阳坳陷沙河街构造钻探华七井。其中，华四井、华六井钻遇局部隆起，见到零星油斑；华七井打到沙河街组，见到良好的生油层和储油层，开启一个新阶段，进入以往回避的东部重磁力高、地表又有火山的地区，这与地质部在这一地区地震发现多个局部构造有关，包括沙河街、林樊家、临邑等。这七口井的钻探，初步划清了华北地区的坳陷和隆起带，表明这一地区是一个统一的沉积盆地，但被分割成十几个小凹陷，且都具有良好的生油条件和沉积环境，是石油地质条件比较优越的地区。这一地区是希望所在，是最有利的找油找气地区，只要顺藤摸瓜，跟踪追击，就一定会找到大油田。

1960年夏，石油工业部、地质部在河南郑州召开年度石油勘探工作协调会，交流钻探和华北地区物探资料研究成果，特别是东营地区的成果，引起人们的重视。10月，石油工业部、地质部在天津联合召开华北石油普查勘探工作会议，研究华北地区的勘探突破口，建议把勘探重点从华北平原西部转移到渤海湾周围，决定继续扩大钻探，将找油找气重点转移到沿海地带，并选出马头营、北塘、羊三木、盐山、义和庄、东营六个局部构造作为下

回望石油发现井

步的钻探重点,迅速开钻。东营构造由石油工业部华北石油勘探处率先进行钻探,义和庄构造由地质部山东石油普查队负责钻探。根据地质部航测大队提供的重磁力测量图和中原物探大队地震二队提供的地震资料,选择坳陷中圈闭条件较好的东营构造作为钻探找油突破口。由华北石油勘探处主任地质师安培树和综合研究队队长帅德福以及张启明、葛榕等共同研究确定第八口基准井——华八井井位,具体位置是山东省广饶县东营村东1500米处。

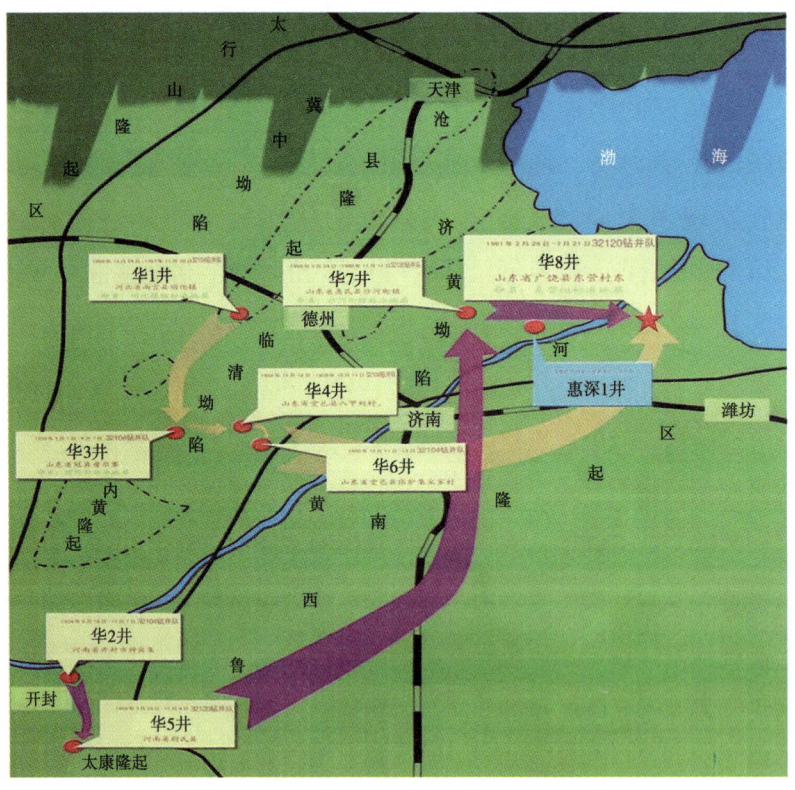

▲ 华北平原石油勘探探井井位部署图

地处东营构造顶部的华八井于 1961 年 2 月 26 日开钻,华北石油勘探处 32120 钻井队承钻,钻井队长李仲田,指导员魏振家,钻井技术员路彦德。这口井是石油工业部部署的 8 口探井中最后一口井,这是一口希望之井,更是一口突破之井,设计井深 2500 米,钻探目的是了解古近系沙河街组在济阳坳陷东部的岩性及含油气情况。

◀ 华北石油勘探处 32120 钻井队

华八井在馆陶组、东营组发现油层 30 层,总厚度 59.3 米。3 月 5 日,在 1194.39~1200.39 米馆陶组连续取心 6 次,第二次钻井取心 6 米,获得黑色疏松油砂岩心 0.45 米,井队工人捧着黑色原油外渗的岩心爱不释手,地质队员贾仲惠把一块油砂岩样装进瓶子,并在瓶子上系上一条红绸带,郑重地写上"华北平原探区第一块油砂"几个字,指派专人连夜送往济南。华北石油勘探处的领导看后非常高兴,华北石油勘探处党委书记孙竹、地质综合研究队队长帅德福和主任地质师安培树一起去北京送油砂,第一时间向石油工业部领导汇报。余秋里、康世恩看了华八井的油砂岩样,余部长激动风趣地说:"这个小宝贝,可比金子还要珍贵得多喽!你们非常辛苦,工作做得很好,感谢在钻井现场工

回望石油发现井

作的同志们。"随后,石油工业部派刘楠、邓礼让、王尚文、孙竹等组成工作组到东营坐镇指挥。为尽快了解油层产能,4月1日,华八井钻至井深1755.88米提前完钻,电测解释在1194~1755米井段共有油层13层,总厚度24.2米。4月5日,由李葆青、黄世孝负责指挥固井。石油工业部余秋里部长指示:一是可疑水层不射;二是没有把握的可疑层不射;三是只射开有把握的油层。1961年4月16日,根据余秋里部长指示,华八井提前完钻试油,用原钻机试油,在东营组1207.8~1630.5米井段,射开8层16.2米油层,用9毫米油嘴求产,获日产8.1吨的工业油流。消息传出,令人欣喜万分,这是华北地区第一口喷出工业油流的井,也是渤海湾盆地第一个油田——东营辛镇油田的发现井,后被定为胜利油田发现井。

1962年2月,毛泽东听完余秋里关于渤海湾地区石油勘探工作进展的汇报后,高兴地说:"打得好嘛!看来这个地方也是蛮有希望的嘛!"1962年4月6日,石油工业部局厂长领导干部会议决定,集中优势兵力,对东营凹陷进行详探,第一批预探井很快开钻。

华八井的喷油,实现了华北地区找油的大突破,是战略东移的又一个重要成果,标志着山东东营地区乃至整个华北地区石油勘探进入了一个新的阶段,推动了山东境内和整个华北地区石油勘探形势的发展,实现了华北地区石油勘探的历史性转折。1964年1月22日,石油工业部党组向中央书记处呈送了《关于组织华北石油会战的简要报告》,1月25日,中共中央批转石油工业部党组《关于组织华北石油勘探会战的报告》,并在批示中指出:"中央同意石油部党组关于华北石油勘探会战的报告。这是继松辽油田大会战之后的又一次重要的会战。"

▲ 中共中央批转石油部党组《关于组织华北石油勘探会战的报告》

1964年3月6日，石油工业部成立华北石油勘探会战指挥部，机关设在东营，对外代号九二三厂，开展了以东营地区为主战场的坨庄—胜利村、通王惠、滨南三大勘探会战。1964年4月14日，石油工业部副部长康世恩宣布会战开始。之后，陆续从大庆、玉门、新疆、四川等油田调集钻井队伍，1965年11月18日，成立九二三厂钻井指挥部。

▲ 1964年4月4日华北石油勘探指挥部前线会战总结动员誓师大会

▲ 石油工业部副部长康世恩宣布华北石油勘探会战开始

胜利油田发现井——华八井

▲ 从大庆、玉门、青海、新疆、四川等地调集石油职工会师在渤海之滨、黄河两岸

1974年9月30日,人民日报在头版头条刊发:我国建起又一个大油田——胜利油田,它的开发、建设,对于高速度发展我国石油工业,改变我国的燃料构成和燃料工业布局,促进我国国民经济的发展,具有重要的意义。1991年4月,胜利石油管理局举行"胜利油田发现30年"纪念活动,为纪念华八井的历史贡献,在华八井井场建起了一座纪念碑。4月15日举行了隆重的纪念碑揭幕仪式。

华八井纪念碑整体为"圆座方台"造型,建筑面积88.2平方米,高12.9米,分台座、碑座和碑身三部分。台座分两层,直径分别为8.3米和3米,采用同心圆造型,代表了钻机转盘的

回望石油发现井

▲ 胜利油田发现井——华八井纪念碑

形象。台阶设计采用"四向八级"的形式,平稳大气;台阶扶手采用曲线变化造型并留有风孔,用简洁有力的现代建筑元素生动展现了巍巍耸立的井架形象。纪念碑碑座及碑身高11.94米,寓意华八井在当年钻探时,钻至井深1194米取心发现油砂。碑座呈四方形,正面镌刻着康世恩同志题写的"华北油区第一口发现井华八井",纪念碑背面镌刻碑文178字,记述了华八井的位置、钻探过程、试油情况和具有的重大意义。

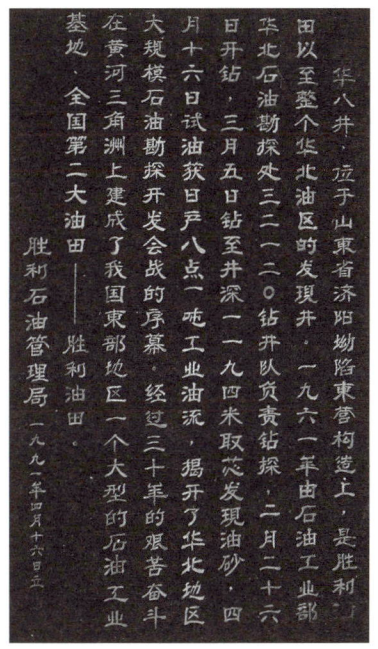

▲ 康世恩为华八井题词　　▲ 华八井纪念碑碑文

纪念碑南北两侧分别为"钻井施工""采油取样"的汉白玉浮雕。碑身为两道高高挺立的不锈钢色面立柱，整体造型为"H"，在9.4米高处（寓意钻井井架二层平台位置）镶嵌红色铝质阿拉伯数字"8"，整个碑身既蕴含了抽象的钻井井架造型，也是"华"字的汉语拼音声母，"H"与"8"有机结合，寓意"华八井"。碑身造型将华八井重要的历史意义赋予流线型元素和舒适的视觉比例之中，给人以庄重华美的感觉。

华八井的发现，宣告了胜利油田的诞生，也宣告了渤海湾油区的诞生，古老的渤海湾盆地给人们带来巨大惊喜，是我国石油工业发展的重要里程碑。

回望石油发现井

▲ 华八井纪念碑
浮雕——钻井施工

▲ 华八井纪念碑
浮雕——采油取样

▲ 华八井抽油机井场

胜利油田发现井——华八井

华八井是一座丰碑,既记载了老一辈石油人的艰辛和成功,也激励胜利石油人由胜利走向胜利,再创新的辉煌。今天,华八井已经成为胜利油田爱国主义教育基地。

▲ 胜利油田爱国主义教育基地——华八井

辽河油田第一井——辽一井

辽一井,作为下辽河平原第一口参数井,建立了下辽河平原中新生界地层剖面,找到了多个良好油气显示层,证实东部凹陷南部地区具有油气资源,揭开了下辽河石油钻探的序幕。辽一井的钻探标志着辽河平原油气勘探从普查勘探工作进入寻找油气田新阶段。

渤海辽东湾北部有一片亘古荒原，地势低洼平坦。以辽河为首的大中小河流 21 条，纵横交错，由这里蜿蜒曲折注入渤海。

辽河盆地地处辽河下游地带，位于辽宁省中南部，长白山、大兴安岭余脉环抱东西两侧，西为医巫闾山，北为康平—法库丘陵，东为千山山脉，南部伸入渤海辽东湾。河流百川由此入海，长风经此进出，地势低洼，低丘地貌，属沉积性退海平原。由于早期地下断裂活动频繁，沉积环境多变，地面沟壑纵横、泥沼遍地。油气勘探开发以前，人迹罕见，苇海茫茫，一片荒凉，是下辽河入海之地，历史上曾是"潮汐涨落，蒲苇杨花，雁去鹤归，草芥未垦"之地，有"南大荒"之称。

辽河盆地为中新生代发育起来的断陷盆地，盆地基底为太古宇花岗片麻岩和混合花岗岩，上覆中新元古界、古生界、中生界，主要沉积盖层为新生界，最大沉积厚度达 8000 米。辽河坳陷由陆地和海域两部分组成，陆地面积 12400 平方千米，海域面积 3506 平方千米。整个盆地划分为中央凸起、东部凹陷、西部凹陷、东部凸起、西部凸起、北部凹陷六个三级构造单元。其中，三个凹陷已发现太古宇、中新元古界、中生界、新生界等 18 套含油层系，新生界古近系沙河街组是主要生油层系。

回望石油发现井

　　20 世纪 50 年代中期，地质部 112 物探队来到这片未开垦的处女地，开始进行区域地质普查，完成了重磁力、航磁电测普查和近 3000 千米的地震测线，初步查明辽河坳陷的区域构造轮廓。1960 年起，辽宁省地质局石油队继续开展工作，二普四区队、一大队辽河区队曾在台安及以南地区进行了部分浅井钻探。1963 年，二普四区队开展了试验性的石油地质钻井工作，在中央隆起带及东部凹陷打了中 1 与中 2 井，获得了一定的地质成果及钻井经验。同时收集整理了周边的资料，研究了下辽河平原油气聚集的区域地质条件，初步明确了松辽盆地与下辽河平原之间的构造关系，并对该区中新生界地层的发育特征、含油气远景预测和进一步工作意见提出了初步报告。从 1955 年至 1963 年，地质部第二普查勘探大队、第二物探大队、航磁大队历经 8 年的艰苦勘探，查明了辽河坳陷边界位置、岩层接触关系、基底深度，并对坳陷含油前景作出初步评价。

　　1964 年 2 月，广袤的下辽河平原银装素裹，天寒地冻，地质部第二普查大队的勘探炮声打破这片荒原的宁静。他们在辽河平原、今天的盘锦市大洼区新开镇东风农场西黄金带村踏勘井位，确定了辽河第一口基准井井位——辽一井。当年，黄金带人烟稀少，没有道路，交通不便，生活条件异常艰苦，地质部第二普查大队 3207 钻井队百余名钻井队员人拉肩扛，运来一批批生产物资，竖立起荒原上第一座钻塔。

　　辽一井开钻前后，地质部组织调入了与钻井设计相配伍的队伍及设备物资，如固井水泥车及固井队。又调来电测井车及队伍，物资方面有双层井口防喷器等设备和随钻机的钻具、管材等，从多方面充实了队伍的技术力量及物资设备。

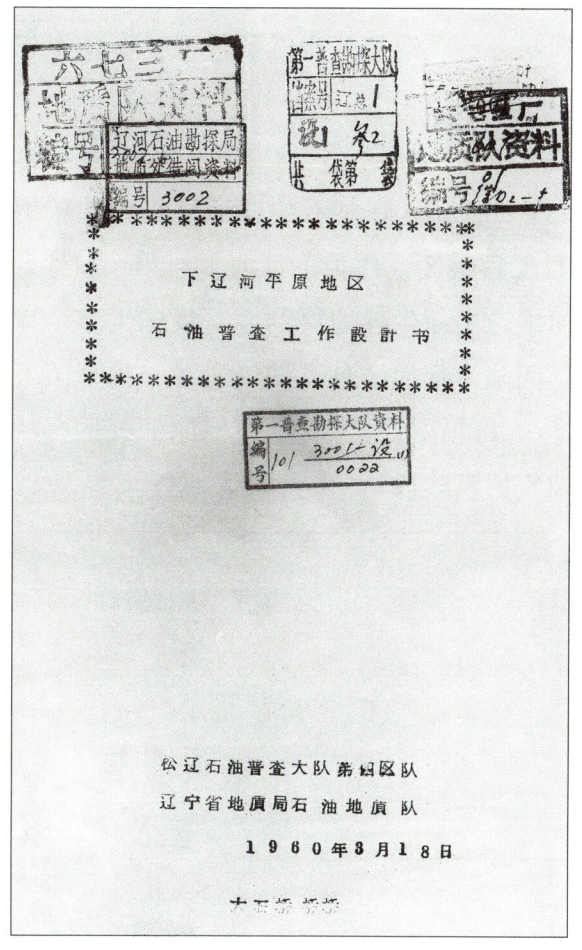

▲ 下辽河平原地区石油普查工作设计书

1964年7月4日19时30分,轰鸣的钻机飞速旋转,唤醒了下辽河这片沉寂了亿万年的土地,辽一井第一次试钻圆满成功,采用引进的苏联新钻机5Д-59型。7月8日23时48分正式开钻。3207钻井队队长刘保顺,副队长周升立,钻井技术员席嘉珍,地质组长刘泽宣。地质部第二普查大队测井队队长黄金贵,测量员郭玉祥，绘图员梁于才，解释员合鲜。

从盛夏到寒冬，在艰苦的自然条件下，奏响了辽河平原石油钻探的序曲。1965年2月15日，辽一井完钻，井深2720.48米，取心进尺80.42米，收获率38.7%，在沙河街组1102.00～2380.60米发现多层有良好显示的含油层，因井壁坍塌，未下套管，3月15日工程报废。作为下辽河平原第一口参数井，辽一井建立了下辽河平原中新生界地层剖面，找到了多个良好油气显示层，证实东部凹陷南部地区具有油气资源，揭开了下辽河石油钻探的序幕。辽一井的钻探标志着辽河平原油气勘探从普查勘探工作进入寻找油气田新阶段。

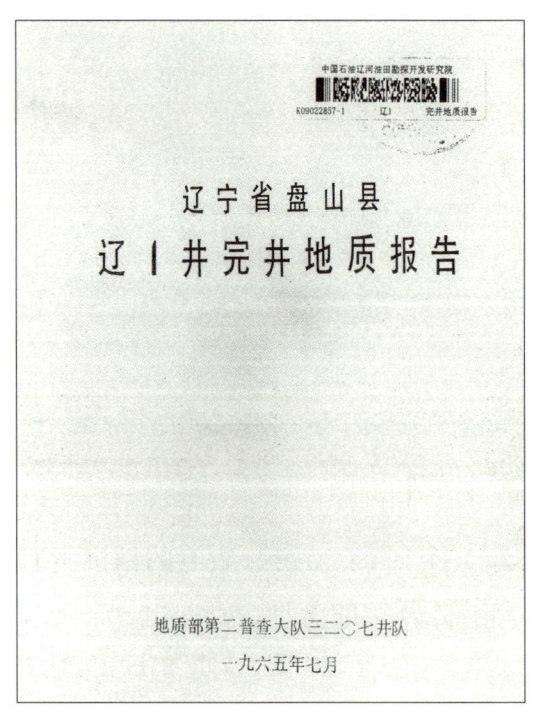

▲ 辽宁省盘山县辽一井完井地质报告

在辽一井钻进过程中，在井深 500 米左右就发现了极好的油砂，以后又见多层有良好显示的含油层。但往深部钻进后，地层在长期裸眼条件下，造成井眼垮塌、埋钻和吸附钻具、泥包钻头，井内事故较为频繁。至井深 2250 米处，继续下钻钻进困难，准备下入技术套管后固井，由于现场等待套管时间耽搁，井眼垮塌。但从辽一井的实践可以看出：辽一井的钻井总体设计（包括固井、电测井、完井等）比以往任何设计都趋于完善，技术措施较适宜，在当时具有先进性（该井钻井设计是由石油局王子源总工程师主持并审核）；辽一井的实践表明钻井技术水平有了提高，队伍配套趋于完善；辽一井的实践结束了地质部第二普查大队仅限于地质岩心钻井和中深钻探的历史，开始跨入了石油普查勘探深钻的新阶段。辽一井钻探结束后，地质部第二普查大队进行了系统总结，编写了《下辽河地区石油地质普查报告》，对该区的含油气远景进行了初步评价。

1965 年，位于营口市太平房构造上的辽二井喜获工业油流。随后，勘探成果迅速扩大，在东部凹陷钻探 13 口井，进尺 28945.45 米，取心 145.09 米，钻探了欧利坨子、热河台、太平房、荣兴屯、黄金带、牛居、田家 7 个局部构造，全部见到油气显示，5 口探井获得工业油流，揭示了这一地区良好的油气勘探前景，得出"下辽河坳陷含有丰富油气资源"的结论。

1967 年初，石油工业部以计张字 40 号文件要求大庆"开展下辽河勘探工作"，并规定"下辽河是大庆会战指挥部直属的一个探区"。2 月 3 日，大庆油田勘探开发研究院副总地质师张文昭带队到辽河地区调查踏勘，对辽河坳陷的油气勘探前景及经济地理条件进行了调查，搜集了地质勘探、交通运输、物资供应、水文地理、电力通信、劳动力等方面的资料，完成了《关于下辽河地区勘探筹备工作调查踏勘汇报》。报告详细阐述了开展下辽河地质勘探工作的具体安排和组织机构设置的初步意见。经国家计委批准，由大庆油田负责辽河地区的石油勘探工作，由丁尚保负责组建钻井队，单于负责组建试油队，张文昭负责组建地质队，赵协和负责组建机关人员。首批抽调32144、32145、32146等3个钻井队，2个试油队以及地震队、安装队、固井队等单位共579人组建"673厂"，接替地质部在下辽河的地质勘探工作。

1968年2月12日，黄一井开钻，射孔后自喷，8毫米油嘴日产原油22.7吨，从而发现了黄金带油田。之后，钻探于一井和热三井，发现了于楼油田和热河台油田。1969年，甩开勘探，在兴隆台构造顶部部署兴一井，试油日产152.4吨，从而发现了兴隆台油田，扩大了勘探领域，打开了下辽河勘探的新局面，最终证实辽河地区是一个油气资源丰富的盆地。

1970年2月19日，石油工业部军管会向国务院呈送了《关于加速下辽河盆地石油勘探的报告》。3月24日，国务院以"特急"下发了（70）国发文27号文件，批准了石油部军管会的报告。文件中说道，国务院同意石油部军管会《关于加速下辽河盆地石油勘探的报告》，这个油田的建设，不仅对解决鞍钢和辽宁地区的燃料结构有现实意义，而且对加速我国石油工业的发展，进一步摸清渤海油田地质情况有重大意义……3月22日，辽河会战筹备小组在兴四井井场召开了会战动员誓师大会，会场主席台正中，是"纪念鞍钢宪法诞生十周年暨加速下辽河石油勘探誓师大会"的鲜明会标，两条巨幅标语悬挂在主席台两侧的地震车载钻机井架上，上幅为：看来发展石油工业还得革命加拼命，下幅为：独立自主、自力更生、艰苦奋斗、报效祖国。誓师大会后，兴四井、兴五井两个井场同时鸣炮开钻，拉开了辽河石油大会战的序幕。

▲ 在兴四井井场召开加速下辽河石油勘探誓师大会

辽一井播撒的是创业火种，承载的是爱国情怀，体现的是求实精神，奔涌的是奉献激情。今天的辽一井，对于辽河油田来说是具有重要里程碑意义的一口探井，已经成为辽河油田弘扬企业精神、传承企业文化、发扬优良传统、展示企业形象的重要载体，成为辽河油田进行大庆精神铁人精神再学习、再教育的重要阵地。

2003年11月，辽河油田对辽一井原址进行全面修缮，辽一井被辽宁省盘锦市市政府批准列为"市级文物保护单位"。

2006年6月，辽一井被中国石油天然气集团公司命名为企业精神教育基地。

回望石油发现井

2007年5月,辽河油田对辽一井进行整体规划,修建了道路、护栏、记事碑和纪念塔。辽宁省将辽一井列为第七批"省级文物保护单位"。

▲ 辽河油田第一井纪念碑

2010年11月,经过近10个月的创作设计和紧张施工,辽一井主题雕塑顺利落成。走进辽一井井场,首先映入眼帘的是井口,井口采油树两横一竖,三根油管上分布着11个阀门,黑色的管路,红色的阀门手轮,呈现出力量感和对称美。采油树正前方是一座书本造型的记事碑,记录了辽一井钻探过程、地质意义和文物价值,寓意着从辽一井开始,下辽河平原石油勘探开发翻开了新的一页。井口正后方是巍峨耸立的纪念塔,纪念塔高13米,塔身顶部是熊熊燃烧的火炬,外围三片井字网格状风叶像腾飞的翅膀,把火炬镶嵌在中间,纪念塔火炬底座上刻着"辽河油田第一井"七个黑色大字,寓意着从辽一井开始,辽河油田铸就了全国第三大油田的辉煌。簇拥着井口和纪念塔的是名为"铸就辉煌"的一组主题浮雕墙，浮雕墙全长 30 米，高 6.7 米，浮雕正中是代表石油工人、知识分子、采油女工的三位顶天立地的辽河人形象，展现了辽河人昂扬向上、锐意进取的风采。浮雕主体部分融入钻井井架、抽油机、海上钻井平台等生产元素以及具有地方特色的芦苇等地域元素，反映辽河油田勘探开发过程中具有重大意义的历史事件，再现制服井喷、冰河灭火、抗洪抢险、抗击暴风雪等英雄壮举。镌刻在浮雕基座上的是反映辽河油田开发建设以来具有重大意义的"辽河时间坐标"，记录了从盐碱滩到大油田的执着和奋进，从南大荒到石油城的飞跃和巨变。

▲ 辽一井"铸就辉煌"主题浮雕墙

大港油田发现井——港五井

　　港五井是天津北大港第一口获得工业油流井，以其特有的身份骄傲地镌刻在大港油田的历史上，不仅打开了大港地区石油勘探的新局面，展现了大港地区石油开发的广阔前景，而且是中国华北地区石油勘探取得的第一个重大突破。

1955年召开全国第一次石油普查工作会议，决定在华北地区开展石油地质调查。同年，石油工业部和地质部先后对华北平原开展了石油勘探工作。1960年，石油工业部、地质部在天津举行联席会议，提出渤海湾一带是具有含油气远景的地区，建议在黄骅坳陷进行地质普查、详查及地质钻探。地质部华北石油普查大队在黄骅坳陷进行地震勘探，发现了孔店、羊三木、大港等三个构造。

黄一井是黄骅坳陷的第一口探井，位于河北省黄骅县（今黄骅市）羊三木村西南1千米处，由地质部第一普查大队3007钻井队承钻，队长李昌泰。1961年4月22日开钻，8月15日完钻，完钻井深1330.08米，录井中首次在新近系馆陶组发现了油砂。1962年9月11日，位于羊三木构造的黄三井开钻，地质部第一普查大队3203钻井队承钻，队长贾金玺，钻井技术员吴国佐，11月29日完钻，完钻井深1776.84米，1963年12月3日在馆陶组经测试获日产原油84吨。

1963年7月，石油工业部党组决定组织华北石油勘探会战。1964年1月25日，中共中央批转石油工业部党组《关于组织华北石油勘探会战》的报告，批示中指出：这是继松辽油田大会战

回望石油发现井

之后的又一次重要的会战。

1964年1月,石油工业部从松辽石油勘探局勘探指挥部抽调53个地震队、17个钻井队和23个生产辅助队,以及一部分机关干部,共7700余名职工,由杨文彬带队挥师进关,到达天津和河北地区,并成立了河北石油勘探指挥部,会战队伍中的钻井总人数约4000人。

勘探队伍进关时,正值数九寒天。在长途搬迁中,队伍冒着零下30多度的严寒,忍饥耐渴,始终坚守岗位。为了把钻井设备安全地运到目的地,不丢失一个零部件,有些职工竟七天七夜不离开押运的列车,使五千多台设备、两万多吨物资,迅速摆上了新战场。

▼ 运送钻井器材

当时的大港探区渺无人烟,到处是成片的沼泽和茫茫的盐碱滩,正如一首民谣形容的那样:"漫天风沙扬,四季水汪汪,蚊

虫凶如狼，蒿草遍地长。"很多井场位于沼泽地中，有的井口周围只有一小片供打基础的陆地，井场是用草袋子装土铺垫而成，有的井场竟使用了几万只草袋。夜幕降临时大家围坐在井场基础旁边，烧着芦苇，既给自己取暖也为基础保温。打好基础后就立井架、安装设备。有时风餐露宿，鏖战几天几夜，还不知道营房在哪里。为了把大型钻井设备、钻具以及开钻所需的物资运到井场，在吊运设备极端缺乏的情况下，硬是人拉肩扛加滚杠，用半机械、半人力的办法实现了全部钻井设备的安装工作。最为典型的是第一勘探处 32134 钻井队承钻的港 15 井。该井位于港中红陈子岛上，全岛面积约为 0.5 平方千米，唯一的水上运输通道是大港水库入口东北角上古林村边的一个简易渔船码头，距红陈子岛水上距离为 15~16 千米，全部钻井设备和物资靠捆绑在一起的小渔船运至岛上。在没有一台吊车的情况下，全队职工在队长景春海的带领下，浴水奋战，克服了重重困难，确保了钻探工作的进行。

  会战队伍从区域勘探入手，在京沪铁路以东，北起京津之间的凤河营，南至沧州，东至唐山以南的广阔区域内展开石油勘探。1964 年 1 月 9 日位于塘沽构造上的塘一井开钻，32147 钻井队承钻，见到了油气显示，但试油未见工业油流。1964 年 4 月 17 日，北大港构造带第一口探井——港一井开钻，32147 钻井队承钻，6 月 11 日钻遇奥陶系石灰岩，井深 2095.75~2096.75 米时钻具放空，钻至 2098.10 米时，发生井喷，井喷后，测试获日产原油 2 吨、水 2.04 立方米。6 月 12 日在羊三木构造上的孔五井经测试获日产原油 5.78 吨。9 月，羊一井获日产原油 6 吨、水 34 立方米。

  鉴于勘探无重大突破，石油工业部决定将会战队伍转移到四

回望石油发现井

川工作。这时,原部署的探井中,仅有港五井因路面问题一直未动工。石油工业部副部长康世恩从北京返回山东东营会战前线,路过天津北仓河北勘探指挥部机关,特意停留一天,专门听取了勘探汇报,感到9个月没有大的突破,形势不妙,但又不甘心。康世恩在地质图前踱来踱去,最后把目光落在港五井上,并追问到:"这口处在构造隆起的关键探井为什么没有钻?"了解情况后,康世恩认为:"港五井不钻,功亏一篑,这样太可惜了!时值金秋,雨季已过,路况应该会好转,无论如何也要下决心钻完这口井。"于是,勘探人员从天津市区转战大港区(今滨海新区),全力以赴钻探这口当时并不抱希望的最后一口探井——港五井。根据这一指示精神,河北勘探指挥部立即安排总地质师吴华元带领地质人员现场踏勘井位。

港五井所在地曾经是一片退海之地,发源于河北省西部山区的大清河、子牙河、独流减河、青静黄河等河流,在这里汇入渤

▲ 四周环水的港五井钻井井场

海。港五井地面海拔仅 2.57 米，四周为港水环绕，交通不便，钻前工程十分困难。为了这"最后的希望"，创业者们先修路垫道，人推汽车运设备。当时有人形容这场面：海边刮风沙，遍地是泥洼，华北闹会战，艰苦算个啥。

1964 年 11 月 17 日，由第一勘探处 3238 钻井队承钻的港五井开钻，队长万子俊，指导员苏守仁，钻井技术员袁锦涛。12 月 20 日，钻至井深 2526.3 米，钻遇古近系沙河街组一段，发生井喷，眨眼间，油柱喷高 7 米，蛰居地下久矣的"油龙"挣脱了亿万年的束缚，呼啸着冲出井口，井场上的人们沸腾起来："出油了，出油了！"有人这样描绘喷油的景象："一条乌龙张牙舞爪地冲出井口，气势汹汹地窜上天车，又被铁架子撞得粉碎，鳞甲般的泥浆四处飞溅。"

▲ 3238 钻井队承钻港五井

回望石油发现井

12月21日，利用钻杆裸眼完井，用15毫米油嘴试油求产，日产原油19.74吨，天然气3.4万立方米，这是北大港构造带上沙河街组第一口工业油流井，大港油田也因这口发现井的位置而得名。港五井喜喷原油，犹如绝处逢生，成为大港地区石油勘探史上的第一个突破，也稳定了当时参加会战的队伍，实现了历史性转折，它标志着大港油田的诞生。

▲ 港五井喜获工业油流

位于北大港构造带西部高点上的港三井，于1964年11月21日开钻，1965年2月6日完钻，完钻井深2492.6米。该井原以奥陶系为目的层，但在钻探过程中发现新近系油砂，于同年3月经测试，在明化镇组日产原油89.7吨、天然气2万立方米，港三井的出油进一步证实了北大港构造带港西浅层的含油气前景。此后，位于港东构造上的港14井、港16井、港18井，相继在新近系明化镇组和馆陶组获工业性油流。位于唐家河构造的港12井于东营组获得工业油气流。至此，证实北大港构造带是一个具有多套含油气层系、多种圈闭的大型油气富集带，为大港油田的发展奠定了基础。

1965年春，石油工业部召开局厂领导干部会议，康世恩在会上讲到："渤海湾石油会战取得了突破性进展。张文彬在东营打出了油，杨文彬在大港打出了油，为国家找到了胜利、大港两个油田，向这次会议报了喜，我们向他们表示热烈的祝贺！"话音落地，全场响起雷鸣般的掌声。

▲ 钻井工人传达慰问电

港五井是天津北大港第一口获得工业油流的井，以其特有的身份骄傲地镌刻在大港油田的历史上，她的喷油，不仅打开了大港地区石油勘探的新局面，展现了大港地区石油开发的广阔前景，更是中国华北地区石油勘探取得的第一个突破。

回望石油发现井

▲ 大港油田发现井港五井纪念碑

▲ 大港油田发现井——港五井记事碑

大港油田发现井——港五井

▲ 大港油田发现井——港五井采油树

2004年，大港油田40华诞。为了彰显港五井和第一代大港石油人为油田发展做出的贡献，大港油田集团公司、大港油田公司、大港石化公司共同新建了港五井纪念碑，展现港五井在大港油田发展史上的重要意义，缅怀历代大港石油人建设石油事业之丰功伟绩，并激励后人与时俱进，再创辉煌。

回望石油发现井

▲ 2004年，大港油田发现井——港五井纪念碑揭幕仪式

　　碑文上写道："大港油田的发现井——港五井"。港五井如今已被辟为爱国主义教育基地，采油树高大的身躯依然挺拔俊丽，一座大理石纪念碑矗立其旁，上书港五井的历史功绩，纪念碑右侧是一座大型浮雕墙，上面镌刻着当年会战的感人场面。

▲ 大港油田发现井——港五井铜铸浮雕墙

2007年9月，在天津市文物局、天津电视台共同举办的"知家乡文化遗产，爱天津历史传承"大型主题活动中，港五井作为大港油田的发现井，以其真实性、完整性及唯一当代工业文物遗产，被评为天津市"十佳不可移动文物"奖项。2013年被列为天津市文物保护单位。

▲ 天津市文物保护单位——港五井

江汉油田发现井——王二井

地质部和石油工业部的勘探队伍经过多年的普查和区域勘探,于1966年,在江汉盆地的腹地潜江县境内,王二井喜获工业油流,这是湖北省江汉平原的第一口工业油流井。

江汉平原古称"云梦大泽",是长江、汉江长期复合冲积形成的河渠纵横、物产丰富的平川沃野。

江汉油田就位于湖北省中部的江汉平原,这里南及潇湘,北临汉水,东接武汉,西连荆州,长江由西向东而过,物产丰富,经济发达。在地质构造上属鄂中坳陷,面积3万平方千米,是我国东部地区比较典型的新生界陆相盐湖含油气盆地。

新中国成立后,湖北省成立了专门的地质机构,逐步开展了较大规模的地质调查工作。1954年,地质部部长李四光明确提出在我国东部新华夏三个沉降带找油的论据,指出:江汉平原是我国石油勘探的远景地区。1955年,黄汲清指出我国大陆中生代、新生代沉积盆地是找油的主要对象。依据上述判断,石油工业部和地质部先后组织开展了江汉平原的石油地质普查勘探。

1957年,石油工业部四川石油勘探局组成两湖(湖南、湖北)勘探大队。

1958年3月,地质部湖北省地质局石油地质队以及地质部中原石油物探大队进行地质调查和物探普查,初步进行了平原周缘大地构造研究。1959年3月,石油工业部华北石油勘探处106队来湖北工作,并与湖北省石油地质队组成联队,在宜昌、宜都、当阳、荆门、南漳、安陆等地开展工作。1961年初，石油工业部石油科学研究院东部地质队湖北小组与106队组成联队，结合地球物理勘探资料，对江汉平原的地层、构造开展研究。

通过两部石油勘探人员的工作，认为潜江凹陷和江陵凹陷是勘探的有利地区，古近系是有利的勘探目的层。1961年6月1日，湖北省石油地质队1201钻井队在江汉盆地潜江凹陷王场背斜构造钻探王一井，7月15日完钻，完钻井深808.88米，首次在井深767.71~797.91米段发现了4层共6.95米的含油砂岩。鉴于这口井获得良好含油砂岩，1961年7月，石油工业部决定将四川石油管理局广西石油勘探大队、广东省海南与湛江两个石油勘探大队部分人员以及贵州石油勘探局的部分力量合并成立江汉石油勘探处。11月28日，江汉石油勘探处在湖北潜江县城潜江展览馆正式成立，直属石油工业部领导。

1962年，江汉石油勘探处决定首先在王场构造开展钻探工作。相继钻探周一井（后更名王五井）、周二井（后更名王六井）、周四井（后更名王七井），均未见到油气显示。钻探效果均不理想，石油工业部指示江汉下一步钻探方向是暂时撤离凹陷而转入凸起。之后两年，江汉石油勘探处的主要任务是侦察凸起，先后部署11口井。

1965年2月15日至17日，江汉石油勘探处召开技术座谈会，具体制定了1965年的勘探部署，主要是潜江地区，并决定钻井队和地球物理勘探力量全部投入潜江凹陷北部。

根据钻井和地球物理勘探资料分析，第五普查勘探大队决定重上王场。1965年5月，地质部第五普查勘探大队1204钻井队，在王场构造钻探王二井，该井位于王一井南64米处。5月3日开钻，5月28日完钻，完钻井深810.72米。于井深738.72～782.92米处追踪王一井含油砂岩，电测解释发现9个油层（8.3米）、差油层2层（1.2米）、油水同层4层（3.1米）。6月14日开始试油，到9月12日结束。在7月19日至21日试油期间，提捞获1.28吨的工业油流，发现了王场油田。这是湖北省江汉平原的第一口工业油流井。

王二井获得工业油流后，石油工业部非常重视。为加速勘探工作，石油工业部决定成立江汉石油勘探指挥部，从玉门石油管理局、新疆石油管理局、四川石油管理局和641厂等单位抽调人员和设备支援江汉，全面开展江汉盆地油气勘探工作。1966年1月11日，江汉石油勘探指挥部成立，机关迁往荆门县（今荆门市）沙洋镇高桥。6月，由923厂组成"江汉会战规划"工作组，与在江汉工作的人员一起编制勘探规划，并对组织领导、技术设备等提出具体意见。

根据大庆和东营的经验，石油工业部决定在江汉组织石油勘探会战，成立江汉石油勘探会战指挥部，直接由石油工业部领导。下设湘鄂西勘探指挥部、江汉地质调查指挥部、沙市钻井大队、钻井工程处、地质指挥所、试采大队、基本建设工程处等14个直属单位。

1966年6月，地质部发出（66）地石字13号《关于将王场构造交石油工业部勘探的通知》，并将全部有关勘探资料交给石油工业部江汉石油勘探指挥部。

1966年8月30日，江汉石油勘探指挥部正式成立，为保密起见，采用代号"五七厂"。会战指挥部机关从荆门县（今荆门市）沙洋镇迁往潜江县周矶。

1969年2月2日，石油工业部军事管制委员会向中共中央、国务院和中央军委提出《关于在湖北省江汉地区组织勘探会战的报告》。3月25日，周恩来在全国计划工作座谈会上，对组织江汉石油会战作了重要指示，并提议派石油工业部副部长康世恩参加会战的组织领导工作。6月26日，国务院正式批准在江汉组织石油勘探会战，并电话通知武汉军区和湖北省革命委员会。鉴于当时的具体情况，为保证会战的顺利进行，国务院和中央军委决定，江汉石油会战由武汉军区和湖北省统一领导，统一指挥，投资由国家统一解决。7月25日，国家计划委员会和国家基本建设委员会军事管制委员会以（69）计燃字第0105号文，向全国各省、市、自治区革命委员会和国务院各部、委军事管制委员会发出《关于支援江汉石油勘探会战的通知》。大庆、胜利、新疆、青海、四川等地的石油队伍纷纷前来参加会战，武汉军区2.5万名复转战士也加入了会战大军的行列。

1969年8月1日，武汉军区和湖北省革命委员会以鄂革（69）第68号文件，发出了《关于成立江汉石油勘探会战指挥部》的通知，同日，江汉石油勘探会战指挥部正式成立，武汉军区副司令员韩东山任指挥长兼政委。指挥部驻地设在潜江县五七地区五三站。11月20日，为保密起见，江汉石油勘探会战指挥部改名为"五七油田会战指挥部"。

江汉石油勘探会战从1969年8月正式开始，至1972年5月结束，历时两年多。会战期间，指挥部采取"全面勘探海相、陆相，集中会战江汉盆地"的方针，在江汉平原上，100多台钻机开动起来，轰鸣声响彻长江两岸，累计钻井1065口，钻井进尺198万米，黄二井、黄三井、广四井、丫二井、建三井等陆续喷油。会战人员克服了地下情况复杂、地面水网密布、夏季酷热、阴雨连绵、生活和交通不便等困难,发扬艰苦创业精神,发现了一个又一个新油田,建成 100 万吨原油生产能力,会战取得了显著成绩。

▲ 江汉石油会战指挥部机关

中国海上第一井——海一井

海一井,渤海海域第一口发现井,是我国海洋石油的报春花,也是中国海上第一口工业油流井,标志着中国海洋石油进入工业发展的新阶段。钟一鸣称海1井试油成功"如一只报春的燕子"。

渤海是中国的内海，面积约8万平方千米，海底比较平坦，平均水深约18米，有1/4海域水深在10米以内。从陆地流入渤海的河流有近20条，它们带来了大量的沉积物，其中黄河每年冲入渤海的沉积物以亿万吨计，为油气生成创造了条件。

中国的地质工作者自1916年起就陆续在渤海周边地区进行地质调查。1954年3月，地质部部长李四光就将渤海湾列入中国三大石油勘探远景区之一。许多国外的地质专家都认为渤海具有生成油气的条件，是石油的富集区。从1959年开始，地质部对渤海及周边地区进行了多次地质概查。

1957年，石油工业部华北石油勘探处与地质部华北石油普查大队对渤海南部沿岸进行油气苗调查。1959年，地质部航磁大队904队在渤海及其周边地区进行了1∶100万的航空磁测，推断渤海是个大坳陷。1960年至1964年，地质部第五物探大队、青岛海洋研究所先后在海上进行了重力、地震、电测深等各种地球物理勘探试验。第五物探大队还作过几条大剖面，在辽东湾和渤中地区进行过地震概查，并在辽东湾局部有利地区进行加密测网普查。通过概查和物探试验，证明渤海海域是跨越辽宁、河北、山东、河南四省，面积达20万平方千米的渤海湾含油气盆地的组成部分，作出了渤海是有利油气勘探地区的判断。

1964年4月，华北石油勘探指挥部成立了一支浅海地震队——216地震队。这个队20世纪50年代组建于青海，1961年参加大庆石油会战，1964年初到华北参加大港石油会战。在下海前，又增加一些人员，全队共有80多人。

216地震队租来一条木壳机动船——河北海运局的"冀海103号"，只有百吨位，后来成为216队工作的"母船"，除了承担信号接收、资料分析及指挥任务外，还兼队员们的宿营地。接着又从东沽渔业大队租来三条木制机帆船，将陆地用的设备装在船上。分别改装成测量定位船、放线船和爆炸作业船。1964年8月正式出海作业，用六分仪定位、人工插检波器、人工放电缆。经过四个月的努力，到1964年底成功地完成了6000米地震测线，为后来的海上地震作业积累了宝贵的经验。

1965年1月，石油工业部在北京召开厂矿长会议，根据部党组指示精神，正式发出"上山、下海、大战平原"的号召。上山，就是派一部分人上四川找油气；下海，就是组织力量到大海里找油；大战平原，就是要让物探队伍在华北平原进行地质剖面调查，开展勘探大会战。随后，华北石油勘探部第25次党委扩大会议决定，由河北石油勘探指挥部（代号641厂）组织人员筹备下海，要求"三年打开局面，五年拿下面积"。为了落实下海找油的战斗部署，641厂于1965年2月成立了由十余人组成的精干机构——海洋勘探室，1966年8月改建为海洋勘探指挥部，任命华北石油会战指挥部副指挥钟一鸣兼任海洋勘探指挥部指挥，任英发为副指挥，张志友为党委书记，刘福来任党委副书记兼政治部主任，着手组织下海的工程设计和勘探准备。海洋勘探指挥部设在天津北仓641厂指挥部所在地一个叫双街的小房子里。半年以后，搬到胡家园。后来经与塘沽城管处共同选址，决定在海河防潮闸东侧、回淤研究所以南地带建立基地。那里背靠大沽炮台，面临渤海，与天津港主航道相望。

1965年3月15日至20日，在康世恩的指导下，下海工程技术座谈会议在641基地天津北仓召开。地质勘探司赵声振总工程师主持会议。参加会议的有石油科技情报研究所和石油工业部石油科学研究院钻井室的人员、大港油田分管海洋石油勘探的副指挥余萍和刚成立不久的海洋勘探室情报室的人员，还邀请国防科学技术工业委员会、国家海洋局、交通部、地质部、海洋工程部、航海保障部、天津大学、大连工学院（今大连理工大学）和上海六机部七院八所、上海打捞局、天津港务监督等单位的专家、教授，共计50余人。石油工业部康世恩副部长在筹备会议上说："美国有个墨西哥湾，委内瑞拉有个马拉开波湖，中国有个渤海湾，渤海湾面积很大，沉积岩厚，我们有条件下海，现在就要做下海准备。"座谈会上，石油部勘探司和情报所的代表作了发言，介绍了国外海上油气勘探开发情况，工程技术人员也在会上谈了下海的设想。会议决定开展海上钻井方法的研究试验工作，试制混凝土钻井平台及钢结构导管架，同时决定加强海洋物探队伍，抽调5个地震队、2个重力队和1个测量队共500余名职工组成海洋地质调查一大队，负责渤海海域的地球物理勘探。这次会议是中国海洋石油勘探开发史上的一个里程碑。

下海工程座谈会后，641厂立即着手筹建海洋勘探指挥部，多方联系，要船、要基地，同时积极寻找试验下海钻井的地方。石油工业部从北海舰队、交通部等单位陆续商调来了"海渔26""海潜506""海测503""黄河号"（原从国民党海军起义的军舰"重庆号"）、"天祥号"（原慈禧太后游艇）、"民主20号"客轮以及"东油3号""东油7号"等船舶。同时，又从华东石油局调来了十几条木船。接着60多名海军战士转业到指挥部，渤海的石油队伍正式诞生了。

　　海洋地质调查一大队在下海前，组织测量技术干部到国家测绘总局、海军司令部、航道局等单位，收集渤海沿岸地区的测量成果、高等级三角控制点的分布，了解海底地形地貌、水深变化、潮汐规律、海底地质以及定位测量方法；组织物探技术干部到地质部第五物探大队、中科院青岛海洋研究所等单位了解他们海上物探试验工作情况，收集沿渤海各港口重力基点的成果；组织地质、物探的室内解释人员到地质部航空磁测大队、物探大队以及大港油田、胜利油田等单位收集渤海周边陆地物探、钻探和海区航磁的地质成果；请石油工业部规划研究院南海地震方法研究队技术负责人前来指导工作；认真吸取216地震队在高沙岭一带进行浅海试验的经验；又参照大庆石油地震会战行之有效的物探大面积连片勘测的经验，在渤海南部近4万平方千米的海域统一设计测网，整体部署，将物探队分为海滩队（工作区域由海岸至枯潮线）、浅海队（工作区域由枯潮线至6米水深线）和深海队（工作区域由6米水深线至无限水深）。由于采取的是分段、分区、分时间和分队施工，为保证在同一条线上所获的物探资料能连续追踪对比，要求各队在测网的连接处重复1~2千米。该队在海上作业至1966年，使用"51"型地震仪，在岐口凹陷的南坡自北而南相继发现了海1、张巨河、赵家堡三个断裂构造带，画出了渤海第一张地震构造图。

1966年1月7日，石油工业部华北石油勘探指挥部决定依靠自己的力量设计、建造一个钻井固定平台，准备开展海上钻探工作。1966年12月15日，坐落在海一构造断裂带上中国第一座自行设计、制造、安装的海上固定式钻井平台建造完成。

1966年12月31日23时，海洋勘探指挥部3206钻井队在自制1号固定式桩基钢钻井平台开工，中国海上第一口深探井——海一井开钻，队长康于义，指导员成焕仁，技术员丁洪升、张荃祥。井位位于岐口凹陷的岐口17-2构造断裂带上，距天津岐口22千米，距塘沽基地51.8千米，水深6.5米，隔水导管直径529毫米，入泥深度22.88米。钻至井深293.87米，下入直径324毫米表层套管，1967年1月3日，表层套管完井。由于天气寒冷，停钻休工，钻井人员回陆地冬训。

1967年3月19日，钻井队职工重返平台，22日第二次开钻。1967年5月6日完钻，10日完井，完钻井深2441米。钻探过程中，经地质录井，不断发现油浸和油斑砂岩，在明化镇组下段和馆陶组的岩屑中都有荧光显示，经完钻电测在明化镇组和馆陶组均发现油层。6月14日在明化镇组下段1615~1630米井段射孔测试3个层段，用4毫米油嘴试出了油流，日产原油35.2吨、天然气1941立方米。这一喜讯，使海洋勘探指挥部全体将士一片欢腾，迅速向石油工业部报喜。海一井，渤海海域第一口发现井，也是中国海上第一口工业油流井，标志着中国海洋石油进入工业发展的新阶段。钟一鸣称海一井如"一只报春的燕子"。

回望石油发现井

▲ 1967年6月，海一井喷油后，国务院发来贺电

6月21日，国务院发来贺电，赞扬海洋石油职工"创造了我国海上打探井出油的先例，标志着我国石油工业钻井技术的新发展……"。党中央国务院的关心和鼓励，进一步鼓舞了全体海洋石油职工的斗志。

海一井钻井结束后，接着又在这个平台上钻探了3口定向井，其中海1-2井发现2.4米油层，获日产原油24吨，天然气

1867 立方米。1970 年 8 月，海洋勘探指挥部在渤海 1 号固定钻井平台基础上建成 1 号试验采油平台，当年产油 1963 吨。

▼ 中国海上第一座采油平台试产成功

江苏油田发现井——苏二〇井

苏二〇井,苏北地区获工业油流的第一口探井,也是苏北地区第一口发现井,实现了江苏石油勘探的一个重大突破,从而拉开了江苏石油勘探的序幕。

在苏北开展石油勘探,犹如把"油井打在花园里",可这里也是"石油地质家的考场"。

江苏油田发现井——苏二〇井

江苏是一个物产丰富、河流湖泊密布的鱼米之乡。

江苏油田处于南黄海盆地西南的陆地部分——苏北盆地，又称为黄淮平原，面积3.5万平方千米，由黄河、淮河冲积而形成，区内河湖星罗棋布，水网交错纵横，是典型的水乡，江苏油田被誉为东方"威尼斯油城"。苏北盆地是华南地台下扬子准地台上发育起来的中生代、新生代断陷盆地。盆地内发育有三叠系—第四系，古近系为主要含油气层系。古近系阜宁组生油岩最为发育。储层以古近系阜宁组、戴南组和三垛组河流—三角洲相碎屑岩沉积为主。

在苏北开展石油勘探，犹如把"油井打在花园里"，这里也是"石油地质家的考场"。

苏北盆地的石油普查工作始于1956年。1956年2月，地质部组建华东石油普查大队（372队），开始在苏、浙、皖三省及毗邻地区进行石油地质调查工作，在东至运河、北至沭阳、南至长江、西至黄河的广大地区，先后进行了油苗普查、1∶100万航空磁测和重力测量。1957年进行1∶100万重力、磁力测量，在盆地东部做了一条电测深和地震区域大剖面，验证了航磁成果，把苏北盆地划分为阜宁、海安两个坳陷带和宝应、扬州两个隆起带，进一步认为苏北平原为一个广阔的沉积盆地。

1958年，地质部在平原内采用钻井与地震、电法结合做了几条大剖面，进行1∶10万重力、磁力测量，证实了苏北平原是中新生代沉积坳陷，初步划分出主要构造单元，从北到南依次是盐阜坳陷、建湖隆起和东台坳陷。

1958年2月，国务院副总理邓小平在听取石油工业部汇报时就明确指出："苏北要增加勘探工作量，这个地方如果搞出油来，那对沿海一带很有好处。苏北交通方便，多么美的地方，应该加速进行。""江苏要是有一吨油，就可以说江苏有石油工业了。""苏北就是搞一个玉门油田，年产30万吨，那也很好嘛。""苏北如果找到油，年产100万吨，就值得大搞。"为落实邓小平指示精神，掌握江苏地区的石油资源分布，地质部于1958年5月组建了华东石油勘探大队和江苏石油普查大队，8月，石油工业部从四川、新疆、玉门、华北等石油系统抽调技术人员和设备，组建华东石油勘探局，成立301和303联队，刘南任局长，黄国斌任党委书记，李光征任钻井总工程师，负责江苏、山东、浙江、江西、福建、上海等地区的石油普查工作，局机关设在上海。

华东石油勘探局的两个重磁力队在东至运河、北至沭阳、南至长江、西至黄河的广大地区完成3.5万平方千米的重力、磁力测量，进一步证实苏北盆地阜宁、海安两个坳陷带和宝应、扬州两个隆起带。

苏北盆地的第一口基准井选在哪里，石油工业部勘探司邱中建力主放在阜宁县。1958年，华东石油勘探处3205钻井队钻探第一口基准井——阜宁基准井1号井，井位在江苏阜宁县盐河桥南，7月20日开钻，钻至井深1100米处，发现古近系具备良好的生、储油条件。1959年，在苏北大丰、阜宁钻探3口探井，都见到了油砂颗粒、黑色疏松砂岩，具有良好的油气显示。经过初步勘探，认为苏北盆地的东台坳陷是含油最有利地区，古近系是主要勘探目的层。

1964年，地质部第六普查大队3005队在殷家庄构造钻探苏五井，完钻井深2103.50米，于戴南组发现油气显示，随钻井液涌出几十千克重质原油。这是苏北地区首次见到油流。

1970年3月15日，地质部第六普查大队3208钻井队在东台坳陷溱潼凹陷的兴化县（今兴化市）戴南构造的苏二〇井开始钻探，钻井队长邱增栓，钻井技术员袁文清，钻至井深2400米发现油气显示，完钻井深3006.30米，9月11日试油，获日产12.8吨的工业油流。这是苏北地区获工业油流的第一口探井，也是苏北地区第一口发现井，实现了江苏石油勘探的一个重大突破，从而拉开了江苏石油勘探的序幕。

1970年，为统一协调江苏地区的石油勘探，国家计划委员会地质局第四物探大队和第五普查大队调江苏，与第六物探大队、第六普查大队一并划归江苏省管理，8月，成立江苏省石油勘探指挥所。1973年，更名为江苏省石油勘探指挥部，指挥部机关设在扬州市。1975年4月23日，按照国家计划委员会的决定，石油化学工业部成立江苏石油勘探开发会战指挥部，组织江苏石油会战，接收前期勘探成果，对成效大的地区进行详探和开发，从胜利、青海、长庆、新疆、四川抽调3600名职工参加会战，秦峰任会战指挥兼党委书记。

1975年7月18日，国务院副总理陈云视察江苏油田，在苏58井观看喷油场面后说："江苏的石油勘探很有希望，对地下情

回望石油发现井

▲ 江苏石油勘探会战

况的认识是逐步来的。江苏除了陆上还有海边,远景是好的,你们要准备做长期的、艰苦的工作。""江苏有油,但情况复杂,要克服困难,坚持下去,就一定可以取得成果。"7月20日,真6井开钻,江苏石油勘探会战指挥部在井场举行了开工典礼和会战动员誓师大会。会战之初,康世恩指示:"要选择高邮凹陷南部地质条件好的真武、永安构造,在100平方千米内打井10到15口,力争控制30平方千米的含油面积,投入开发。"随后,开展真武、永安钻井大会战。

江苏石油勘探会战经历了三次大的转折，积极调整勘探部署，提出并实施"主攻新生界，兼探中、古生界"的勘探方向，陆续发现真武、曹庄、黄钰、周庄、刘庄等油气田。1995年，江苏油田年产原油突破100万吨大关，实现了邓小平当年的愿望，建成了华东地区重要的石油生产基地。

▼ 真6井开工典礼和会战动员誓师大会

长庆油田发现井——庆一井

庆一井，马岭地区具有工业价值的第一口出油井，为长庆油田的发展隆重奠基，成为马岭油田的发现井、长庆油田的功勋井。庆一井，长庆油田的一座丰碑，长庆人的一部奋斗史。

毛泽东同志听取石油工业部关于陕甘宁陇东石油勘探情况的汇报后说："庆阳石油有希望。"

陕甘宁盆地位于秦岭以北,阴山以南,东有吕梁山遮挡,西有贺兰山屏障,面积37万平方千米。这里塬高坡陡,沟壑纵横,黄土遍地,交通不便,但这里地下蕴藏着丰富的油气有待开发。在这块神奇的土地上,中国最早发现并开采出了石油。

1955年,第六次全国石油工作会议明确提出把勘探重点放在陕甘宁盆地的西部,即宁夏灵武、盐池一带。1957年,西安石油地质调查处开展了甘肃陇东地区的面积详查和局部构造探测,发现了胡家湾、曹渠子、元城镇、张家洼、杜家阳区、洪德城、唐台子和胡宗台8个构造,在环县以南的曹渠子钻探第一口基准井,获得三叠系油砂,又在环县虎洞沟沙井子浅探井中找到了白垩系油砂。这些重大发现揭开了陇东地区有无石油的神秘面纱,用事实消除了半个世纪的困惑,坚定了在革命老区开展石油勘探的决心。

1958年,根据苏联专家米尔钦科的建议,石油工业部决定在陕甘宁盆地开展系统的区域勘探。通过地震和钻探资料,将整个陕甘宁盆地划分为伊盟隆起、晋西挠褶带、陕北斜坡、天环向斜和马家滩断褶带等5个二级构造带,并发现265个局部构造和400多处油苗。20世纪50年代末60年代初,在马家滩和李庄子构造上获得过工业油流,但鉴于当时国家处于困难时期,勘探工作量紧缩,最终没有继续开展深入工作。1966年,银川石油勘探局集中力量开发了李庄子和马家滩油田,并在其周围相继发现了马坊、于家梁、大水坑、大东、王家场等油田,在刘家庄构造钻探的刘庆1井,发现7个含油气层系,试气日产5.79万立方米。在盆地南部陇东及陕北一带也见到良好的油气显示。

通过在甘肃庆阳、环县、华池、陕西富县、吴起等地区开展钻探,获得重要资料,分析认为在陕甘宁盆地中部和南部广阔的区域内开展石油会战的基本条件已经基本成熟。

1969年10月,根据战备的需要和中共中央关于"三线建设要抓紧"的指示,石油工业部决定在陕甘宁开辟石油勘探的重点探区,并提出以玉门石油管理局为主组织"陕甘宁石油勘探会战筹备组"。组织了5台大型钻机、5台中型钻机和各种车辆,以及相配套的机修、油建和水电等专业设备,抽调会战队伍,投入了陇东的石油勘探工作。

玉门石油管理局副局长于耀先主持,杨俊杰、朱义吾、宋四山、冯耀良负责编制《陕甘宁盆地1970年和"五四"期间石油勘探会战初步方案》,计划在盆地南部8万平方千米范围内,规划三个重点探区开展工作:宁夏灵武、盐池地区;甘肃庆阳、华池、环县地区;陕西定边、吴起、志丹、富县地区。勘探会战分三个阶段:第一阶段放眼区域,猛攻黄土地震方法关,大井距钻探,为在盆地南部多找油田提供线索,计划1970年完成。第二阶段,勘探重点地区,打开突破口,找到新的油气田,计划1973年完成。第三阶段,集中力量迅速拿下一批大油田,解决石油资源问题,计划1975年完成。勘探方针是:在灵武、盐池地区集中力量搞清区域含油气情况，发现新油田；陕北以志丹重力高为重点，部署四排剖面井，寻找中生界含油有利区；在陇东地区横切天环向斜，打三排区域探井，解剖天环向斜，钻探两侧含油气情况。根据地质构造分布情况，充分考虑交通与水源条件，以环河为轴线部署了"丰"字形的钻井方案。1970年2月，玉门石油管理局决定成立陇东石油勘探会战指挥部，调集队伍展开陇东会战。1970年4月，石油工业部玉门会议确定陕甘宁地区为三线石油勘探的重点地区之一。玉门石油管理局部署在陇东的第一批探井庆一井、庆二井、庆三井、庆四井、庆七井和渭北一带的长一井、长七井、长八井、长九井陆续开钻。

庆一井，位于甘肃省庆阳市庆城县马岭镇董家滩村，1970年7月8日开钻。玉门油田标杆钻井队3208钻井队承钻，钻井队队长刘文辉，技术员刘福德，副政治指导员亢有祥。

▲ 庆一井钻井现场

9月25日完井，完钻井深1424.71米，9月26日，试油求产，获得日产36.3吨的油流，这口在马岭地区具有工业价值的

回望石油发现井

第一口出油井,为长庆油田的发展隆重奠基,成为马岭油田的发现井、长庆油田功勋井。紧接着,庆二井、长七井、长十井也相继见到良好的油气显示,形成了庆阳、华池、吴起近7000平方千米的找油有利区域,肯定了陕甘宁盆地西部有丰富的石油资源,首战任务基本完成。这一系列的发现,犹如一声春雷,在陕甘宁这块黄土地上滚滚翻腾,为开展大规模勘探战略决策提供了重要依据,奠定了长庆大会战的基石。

▲ 1970年9月26日,庆一井获工业油流

庆一井喷油的消息一经传出,当地群众非常兴奋,人们奔走相告,喜不自禁,方圆几十里的群众,放下了手中的农活,像对待当年打了胜仗的八路军一样,敲锣打鼓赶到庆一井指挥部向石油工人表示祝贺,欢呼声在环江两岸久久回荡。陇东石油勘探的喜讯传到北京,燃料化学工业部分管石油的军管会主任王星激动万分,带领有关人员来到勘探前线,再次强调玉门石油管理局

要把勘探重点放在陇东。

根据三线建设急需石油资源的形势要求和部党组的指示精神,玉门石油管理局很快将勘探力量转移到新区,将原银川石油勘探指挥部全部力量转到陇东,又陆续从玉门石油管理局成建制地抽调人员和设备投入陇东石油会战。按照勘探部署,在南北长21千米、东西宽11千米的范围内,打三条大剖面,大井距进行

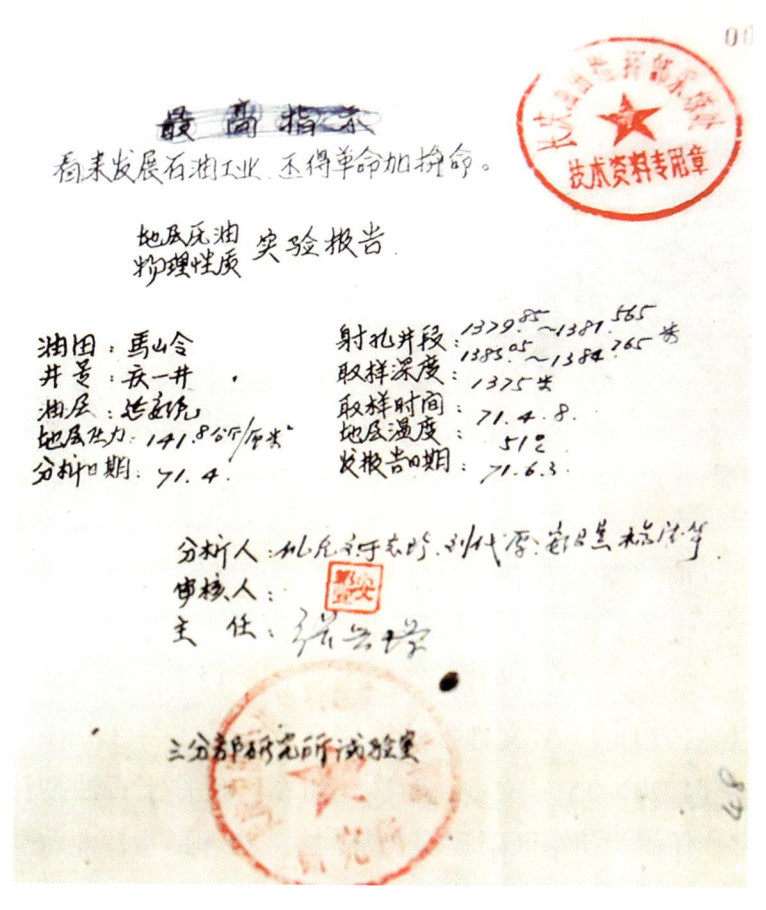

▲ 庆一井地层原油物理性质实验报告

回望石油发现井

整体解剖。最终发现了73个局部构造，有16口井见到油砂，发现了庆阳、华池、元城、吴起、环县等5个含油地区，找到了延安组砂岩这个主力油层，为陕甘宁盆地进行大规模石油勘探战略决策打下了基础。

▲ 玉门石油管理局抽调人员跑步上陇东参加会战

为贯彻"备战、备荒、为人民"的方针，1970年9月15日，燃料化学工业部向国务院业务组呈报了《关于请兰州军区组织陕甘宁地区石油会战的请示报告》。10月12日，国务院、中央军委以（1970）81号文件批转了这个报告。11月3日，兰州军区发出（1970）15号文件，组成兰州军区陕甘宁石油勘探会战指挥部，任命兰州军区副政委李虎为会战指挥部指挥兼政委和党委书记，兰州军区副参谋长齐涛为第一副指挥，玉门石油管理局局长焦万海为副指挥和党委副书记。11月5日至10日，在兰州召开了陕甘宁石油勘探协作会议，明确了会战任务。11月17日，兰州军区正式组建了会战组织机构，并将指挥部定名为"兰州军区长庆油田会战指挥部"。随后，指挥部进驻甘肃宁县长庆桥镇临时基地开始工作。11月24日兰州军区长庆油田会战指挥部在宁县正式挂牌成立，拉开了长庆油田大规模石油勘探会战的序幕。

▲ 1970年10月，陕甘宁石油会战协作会议在兰州召开

庆阳，习称陇东，山、川、塬兼有，沟、峁、梁相间，是黄土高原上一片神奇的土地。"长庆桥"就位于甘肃庆阳地区南端，是在泾川县以东，沿泾河川道东区80里之遥的一片宽敞的河滩上。陕西和甘肃两省在此地南北以泾河为界，泾河以南系陕西长武县境，泾河以北系甘肃庆阳地区。因一水之隔，长武和庆阳之间在泾河上架修了一座桥涵，于是此地名曰"长庆桥"。当陇东

石油勘探指挥部先期搬到长庆桥时,长庆油田的名字也随之产生了。

毛泽东同志听取石油工业部和国务院领导关于陇东石油勘探情况的汇报后说:"庆阳石油有希望。"毛主席的指示转达到了油田,石油人奔走相告,欣喜万分。

长庆油田会战体制历时四年。1973年初,兰州军区将会战指挥权交给燃化部,部队干部陆续撤离。初战告捷,发现了一批新油田,在陕西发现了吴起、东红庄油田,在甘肃发现了马岭、华池、城壕、南梁等油田,在宁夏发现了红井子、马坊、百宴井等油田。1975年油田转入开发阶段,至1979年产油突破100万吨。

随着石油勘探规模的扩大和步伐的加快,陇东地区的原油产量实现了快速增长,1975年产能建设规模就超过30万吨,1978年年产量达到18.8万吨,1981年,陇东地区年产原油达80万吨。到2013年,陇东地区建成百万吨生产能力的区块就有5个,当年原油总产量接近600万吨。

从20世纪80年代初开始,长庆油田以陇东地区原有的开采区块和层位为基础,纵向上向更深更多的层系再勘查,横向上向更远、更广的范围再辐射,安塞、靖安、靖边、西峰、姬塬、榆林、苏里格、华庆、子洲、胡尖山、镇原等一座座大型油气田出现在人们面前。一个"满盆气、半盆油"的恢宏场面展现出来。2003年长庆油田油气当量突破1000万吨。2013年,长庆油田油气当量突破5000万吨,高水平高质量建成西部大庆,对调整我国能源结构,优化能源布局,保障国家能源战略安全意义十分重大。

庆一井,长庆油田的一座丰碑,长庆人的一部奋斗史。今天，长庆油田在庆一井原址建起了纪念碑，纪念碑轮廓为鄂尔多斯盆地形状，石碑正面碑文是"庆一井"三个红色大字。建成纪念展馆，修整了井场，红色的抽油机静静地立在井口上。

▲ 庆一井井场和纪念碑

2002年8月15日，长庆油田公司原总经理胡文瑞写就《庆一井铭》，述说了鄂尔多斯盆地石油勘探开发历史功绩，刻在庆一井纪念碑上。

在花岗岩石碑背面镶嵌了一块黑色大理石，上刻《庆一井铭》：

鄂尔多斯，石油神话，千年传说，百年勘察，天日昭昭，岁月浑浑，风水流转，慷慨悲歌。

1905年，大清王朝，初上，绕树三匝，无枝可依；1935年民国政府，重上，国难民穷，无果而终；1950年，政务院，再

回望石油发现井

▲ 庆一井纪念碑碑文

上，东西南北，无功而返；1970年，又上，庆一井出油，石破天惊，春雷震荡，长庆油田，旭日东升，横空出世。

　　古人云：山不在高，有仙则名；水不在深，有龙则灵。庆一井之功，使久攻不克、久战不胜的鄂尔多斯盆地石油勘查，破解于古城周祖之地、取胜于庆环古道之旁；庆一井之力，对长庆石油人而言，如成汤遇伊尹之喜、文王识吕尚之兴。雨过天晴，甘露普撒，日月经天，江河行地，史诗般石油话剧拉开序幕。

　　庚戌年仲秋，国务院、中央军委策划石油会战，兰州军区、石油部组织，四万英豪会盟陇东、九州之师齐聚陕甘宁，以气吞山河之势，拔山举鼎之力，雄鹰出击，猛虎扑搏，波澜壮阔，物竞天择。战马岭，攻宁夏，定华池，取吴起，走渭北，解直罗。六万余众，百万吨石油，西输进兰，旗开得胜、造福万民。

至此，长庆人，马不停蹄，人不卸甲，九伐侏罗系，拔城掠地，盆地生辉；六征延长统，低渗透革命，人定胜天；三战古生界，油气并举，再铸辉煌。低渗勘探，战则胜退则败；低渗透开发，几度桑田，几度衰草，几度征战，奠定成长性"三步走"发展目标，前瞻性"三个业务层面"。鄂尔多斯盆地未来，如日中天，前景无限；中国又一能源中心，指日可待，大业必成。实谓民族之福、国家之幸也。

河南油田发现井——南五井

南五井,河南省境内的第一口出油井,为南襄盆地找油找气拉开了序幕,作为河南油田发现井载入史册。这一消息传到北京,正在参加国务院工作会议的康世恩欣喜万分,立刻向大会报告了这一喜讯:"南阳发现了工业油流,河南省成为我国第十六个出油的省份了!"

河南油田横跨南阳、驻马店、平顶山市的新野、唐河、桐柏、泌阳、镇平、叶县、卧龙、宛城等八个县区。

1970年2月，江汉石油会战取得阶段性胜利，为进一步扩大战果，会战指挥部决定寻找新的勘探领域，在鄂西、豫西、湘西（以下简称三西）地区展开油气勘探。"三西"地区从地质条件上看，古生代地层分布广泛，经过以往大量的地质调查，已发现多处油气苗，存在多个构造，是找油的有利地区。4月20日，江汉石油勘探会战指挥部副指挥长康世恩签发了"关于开展鄂西、湘西等地区区域勘探工作的通知"。

1970年4月25日至30日，会战指挥部在江陵召开"三西"工作会议，研究"三西"地区找油方案。按照会议部署，以第四分指挥部钻井十三团为主力，组成一支包括地震、钻井、试油、地质综合研究的地质勘探队伍，北上南阳、襄阳盆地。5月，综合地质勘探队伍北上南阳、襄阳盆地（以下简称南襄盆地）进行石油勘探。勘探发现古近—新近系核桃园组有厚达900多米的生油层。

南襄盆地包括南阳、枣阳、襄阳三个凹陷，地处鄂西北、豫西南。综合地质勘探队伍先后在襄阳、枣阳地区的襄阳一井、枣阳一井和南阳凹陷西半部的南一、南二、南三、南四等探井进行钻探，均没有获得发现。主管地质的副指挥长董中林非常着急，带领作战科黄汉辉、地质营的梁复之从江陵赶到南阳，与前线指挥部的领导和地质工作人员共同研究，确定了南五、南六等探井井位。

1971年6月7日，3249钻井队在新野东庄背斜构造上钻南五井，队长乔金全，指导员田继经，技术员崔鸿茂。8月4日完钻，完钻井深2397.68米，钻探发现5层8米厚的油层，8月9日试油求产，试油日产原油2.94吨，南五井在南襄盆地南阳凹陷东庄构造获得工业油流。南五井是河南省境内的第一口出油井，也是东庄油田的发现井，为南襄盆地找油找气拉开了序幕，作为河南油田发现井载入史册。钻井职工看到从井口涌出的乌黑原油，高呼："出油了！出油了！"这一消息传到北京，正在参加国务院工作会议的会战指挥部副指挥长康世恩欣喜万分，立刻向大会报告了这一喜讯："南阳发现了工业油流，河南省成为我国第十六个出油的省份了！"

▲ 河南油田发现井南五井喷油

1972年春，江汉石油勘探会战指挥部向燃料化学工业部呈送了《关于成立南阳地区石油勘探指挥部的请示报告》，很快得到批复。文件指出，为了加强南阳地区的石油勘探，经部党组讨论，并征得河南省委同意，决定成立南阳石油勘探指挥部。1972年5月1日，参加南阳石油勘探会战的队伍在新野县沙堰公社召开大会，宣告南阳石油勘探指挥部成立，对外称"五一油田"。

1973年11月7日，南阳石油勘探指挥部更名为河南石油勘探指挥部。由此确立了立足南阳、着眼全河南省的油气勘探目标。1978年，南阳油田产量突破200万吨。

1991年，河南油田对南五井井场进行了修缮，竖立发现井纪念碑，举行了隆重的仪式和庆祝活动。

▲ 河南油田发现井南五井纪念碑

纪念碑碑文记述如下：

南五井位于南阳油田东庄背斜构造，由五七油田会战指挥部（今江汉石油管理局）四分部十三团地质连设计，3249钻井队钻探。1971年6月7日开钻，同年7月28日完钻，完钻井深2397.68米。在2290.5~2355米井段，录井见油浸砂岩9层10米，油斑砂岩10层9.5米，四分部十三团作业五连承担试油作业，1971年8月7日至9日提捞求产，捞深1150米，日产油2.94吨，发现了东庄油田。从此，河南省的石油勘探突破了出油关，成为我国第16个出油省，南五井作为河南省的第一口工业油流井而载入史册。

▲ 康世恩题词河南油田发现井

纪念碑上部向北的一面题字由康世恩同志题写，阴刻，红色，落款时间为一九九二年五月：

河南油田发现井

南五井

康世恩

一九九二年五月

纪念碑上部向南的一面题字由焦力人同志题写，阴刻，红色，落款时间为一九九二年：

南五井

河南省第一口工业油流井

河南油田发现井

焦力人

一九九二年

▼ 焦力人题词河南油田发现井

华北油田发现井——任四井

任四井喷油，宣告华北油田诞生，开辟了碳酸盐岩找油的新领域，这是几代石油人的不懈追求和期待。中国发现并拥有了第一个古潜山油田的消息，如惊雷震撼华夏，改写了我国碳酸盐岩地层石油勘探的历史。

任四井是华北油田的发现井,位于河北省任丘市惠伯口乡境内,地质构造单元属饶阳凹陷任丘潜山构造带。

地质意义上的冀中坳陷,东西宽 80～130 千米,南北长 410 千米,总面积 4.48 万平方千米,地表是一望无际的华北大平原,位于太行山以东、燕山以南,包括北京、天津以及河北廊坊、保定、石家庄、沧州、衡水等地。

1972 年,全国石油勘探技术座谈会给冀中坳陷勘探带来了新的突破口。1973 年 6 月,燃料化学工业部石油勘探开发规划研究院召开了"突破口会议",做出了将高家堡、辛中驿、高阳、留路四个构造作为冀中地区寻找古近—新近系油气藏突破口的决定,并陆续投入钻井施工。

物探领域采用模拟磁多次覆盖技术,在冀中地区发现了冀中任丘—辛中驿等一系列构造,设计提交了相关钻探井位,为华北油田大发现奠定了基础。任四井井位与井深的原始设计者,是石油地球物理勘探局林梁和钟国生,最初设计钻探目的是追踪任二井发现的沙河街组油气显示层。而由河北省地质局石油普查大队 3505 钻井队承担的冀门一井完钻后,对任丘构造的认识进一步深入,任四井的钻探目的也随之发生了改变,人们认识到应该突破原设计的界限。任丘—辛中驿构造呈一狭长的潜伏凸起形态,北、东、南三面具备良好的油气转化条件,处于生油凹陷之中,西面高高翘起而断裂,断裂出现的深大凹槽被厚厚的新生界沉积所填满。

1975年春节前夕,大港油田钻井二部3269钻井队承担任四井钻井任务,井队指导员段勇,司钻贺诗云、阳时衡,地质工陈金凤。农历大年三十,井队启程,冒着风雪将上百吨钻机设备、器材和生活用品装上汽车,在坑坑洼洼的土路上颠簸百余里,当天就将全部物资运到了任丘—辛中驿构造南部的任四井井场。

▲ 承钻任四井古潜山油藏3269钻井队

1975年2月17日,任四井鸣机开钻。任四井在钻至古近系东营组后,从井深2350米起,在长达600米的井段中,陆续见到东营组、沙河街组的各种级别含油显示16个层,共计33.9

米。继续下钻未见收获，往下钻还是停钻完井，当时有两种意见：一种认为古生代的油砂可能是上面砂岩层油砂漏下去的，不足为怪；另一种意见是继续往下打，揭开古生代含油的奥秘。井队技术人员曾两次请求停钻，两次都被大港油田钻井二部派往勘探前线的研究队副队长柴桂林阻劝，要求务必钻至原设计井深要求的3200米。

1975年5月27日，当钻至3153米时钻头进入了古生代地层，钻遇震旦系雾迷山组（当时认为是奥陶系），钻井队地质班的郭顺源发现了4颗油砂。按照常规，这口井就该结束钻探试油了，鉴于冀门一井取心见油情况，钻探二部副指挥咸雪峰、叶秉三等同志及时作出了"任四井一定要加深，打进石灰岩完钻"的决定，经过研究，最终决定继续钻进。井队更换了钻头，继续向石灰岩深处钻进，地质组技术干部和地质大班密切配合，认真录井，不放过每一个细节上的变化，从井深3162米开始，在成千上万粒细碎的岩屑中，找到了闪烁着油脂光泽的白云岩含油岩屑，穿透砂岩进入石灰岩层，遇到了发育的大缝洞，当钻至井深3177米时，井下出现了漏失钻井液的现象，这正是地层中储集空间良好的显示，表明任四井白云岩储层中缝洞发育具有一定的规模。

1975年6月4日，在井深3200.64米处宣告完钻，钻遇白云岩47.6米，揭开油层厚度49.14米，揭开层位为中上元古界蓟县（今蓟州区）雾迷山组。钻至设计井深完钻后，采用哪种试油方案又出现了两种不同的意见，一种意见是仅从完井施工的角度考虑，认为钻井任务已经完成，目的层沙河街组已打穿，井下情况比较复杂，主张将套管下到古近—新近系地层固井后试油，重点试上部地层的油；另一种意见是以白云岩含油为依据，以

回望石油发现井

冀门一井取心成果为佐证，应当把试油重点放到古生界碳酸盐岩地层这个新领域中，必须把套管下至潜山顶部。

任四井钻进、试油过程中，承担钻探任务的钻井工程技术人员与勘探地质研究人员产生了相当剧烈的观念冲突，根据时任大港油田钻井二部研究队副队长的柴桂林的建议，最终决定把油层套管下到潜山顶面，方案很快制定出来。下油层套管前，先在井深3107~3152米井段打悬浮水泥塞，之后，钻开水泥塞，把套管下到3135.53米固井，1975年6月底，钻井二部试油一队派出小分队到该井试油，7月初，开始采用原钻机进门裸眼试油作业。1975年7月3日，奇迹发生了，几十吨的钻具好像突然失去了依托，一下子放空了一米多，钻头像掉进了大油海！发生了令人们兴奋的事情，发生了震惊中央的事情，位于任丘—辛中驿构造带上的任四井喜喷高产工业油流。当散发着浓烈油香的黑色原油奔涌而出时，整个井场沸腾了，自此揭开了我国古潜山油藏的神秘

▲ 冀中任四井喷出日产千吨的高产油流

面纱，打开了深埋冀中大地的地下神秘油藏。9月份酸化后最高原油日产量达到1014吨，创造了国内单井最高初期产量之最。

任四井喷油，宣告华北油田诞生，开辟了碳酸盐岩找油的新领域，这是几代石油人的不懈追求和期待。中国发现并拥有了第一个古潜山油田的消息，如惊雷震撼华夏，改写了我国碳酸盐岩石油勘探史。

▲ 任四井祝捷誓师大会

1975年8月2日，华北石油勘探指挥部党委在任四井井场召开祝捷誓师大会，石油化学工业部、会战指挥部党委和钻井二部党委负责同志出席大会。10月16日，余秋里、康世恩、宋振明、焦力人等到任丘视察，参观任四井，祝贺任丘油田的发现，提出要在任丘打一场大仗，抱一个大"金娃娃"。

关于"金娃娃"还有一个古老而鲜活的童话：从前呀，这里有一座又一座山，山周围全是望不到边的水。山，巍峨险峻，

回望石油发现井

▲ 余秋里、康世恩、宋振明、焦力人等领导参观任四井

水,波光粼粼。一天又一天,耸立于水中的山峰受到风雨的侵蚀,便滋生了千洞万隙的壮丽奇观,缝洞相连,七勾八拐,这就是储集石油的大仓库。后来呀,太平洋板块剧烈挤压,地壳剧烈运动,山崩地陷,古老的山峦沉入水底,被水底深部的有机物沉积和河流夹带的泥沙掩埋,具备了很好的生油环境。再往后呀,地面又慢慢地抬升起来,大自然的风像一把梳子,暴雨形成的洪水像一架犁耙,几度沧桑,把古老的山峰深深地埋在了地下,潜藏在新地层之下的古老地层组成的山头,就叫潜山。潜山中藏了大量的油和气,这些油气来自新生代地层,经过运移来到古老地层中藏起来。这种新地层生油、老地层储油就叫新生古储。今天啊,你们发现了我,顺着你们钻开的长长的通道,我就蹿出来啦,我就是你们天天在找的金娃娃!

任四井喷油后,面对古潜山喷油的现实,地质家们在任丘地质构造图前,产生了一个大胆的设想:任丘构造可能是下古生界至上元古界基岩风化块体大面积含油，这里存在一个大油田的可能性，之后陆续开钻了任6井、任7井、任9井、任11井和任13井等6口井，均为千吨高产井，其中任9井日初产原油5435吨，创全国之最，六口井基本探明了任丘油田的规模，冀中勘探大局已定，"六口井定大局"一时在全国被传为佳话。1975年10月26日，任6井喷油庆功会召开，井场上人山人海，鲜艳的红旗迎风招展，喜庆的锣鼓震天动地，从一张张喜气洋洋的脸上，看得出人们一个个心潮澎湃，石油人日思夜想的"金娃娃"到手了。会场上，大型平板车搭就的主席台两侧，悬挂着巨型标语：学理论，抓路线，大上新区创样板；鼓干劲，争上游，高速拿下大油田。张文彬宣布大会开始，顿时，炮声、锣鼓声、唢呐声、欢呼声响成一片，张文彬宣读了石油化学工业部的贺电。国务院副总理余秋里、石油化学工业部部长康世恩等领导对冀中勘探给予了很高的评价，康世恩建议把这个发现的油田定名为"任丘油田"。

1976年1月28日，石油化学工业部以（76）油化开字第120号文向国务院呈报《关于组织冀中地区石油会战的报告》，报告提出"为了……促进石油工业的发展，需要把华北石油勘探的重点转移到冀中地区来，打一场石油勘探开发的会战。""这场会战，要……高速度、高水平地拿下任丘油田。""通过会战进一步锻炼出一支能打硬仗的石油队伍，掌握打深井的本领，发展寻找高产油田的地质科学，使我国石油工业来一个新的飞跃。"1976年1月30日，国务院批准在冀中地区大规模开展石油勘探开发，2月24日，成立华北石油会战指挥部，会战指挥部机关设在任丘，张文彬任会战指挥部指挥。随后，来自胜利、吉林、长庆、江汉、四川等油田 3 万多职工奔赴燕赵大地，华北油田大会战的序幕由此拉开。

▲ 各路石油大军奔赴华北探区

任四井喷油后，新的高产井一口接一口地投产。1976 年 4 月原油日产量突破 1 万吨，6 月份达到 2 万吨，国庆节前夕又上了一个台阶，达到了 3 万吨，仅用了半年多时间，就搞清了任丘油田的情况，当年形成了年产 1000 万吨的能力，当年生产原油 597 万吨，实现了当年勘探、当年开发、当年建设、当年收回国家全部投资，创造了当代石油工业史上前所未有的高速度。从 1977 年起，华北油田连续保持年产原油 1000 万吨以上达 10 年之久。

任四井的诞生揭开了华北油田石油大会战的序幕,任丘油田的发现使我国石油勘探认识产生了一个飞跃,带来了"新生古储""古潜山油田"等地质概念,丰富和发展了我国油气地质理论。同时,也打开了石油人勘探找油的新思路,开辟了找油找气的新领域,以此为开端,使冀中多年勘探开发进入一个新阶段,伴随着古潜山这一新的找油领域的开拓,她不仅创造了任丘潜山油田的奇迹,而且带出任丘外围十大潜山和"四块一带"一个又一个"金娃娃"的诞生。大港、胜利、辽河等油田相继找到古潜山油气田。可以说,任丘油田的发现是我国石油勘探史上的一个重要里程碑。

任四井于1975年9月5日投产,1975年12月29日,由郑敏芝率领的24人采油队,来到任四井所在的南大站开始采油工作。任四井默默地扎根在古潜山中,为祖国输送着黑色的血液。1987年12月16日见水,在1975—1987年这12个年头的时间里,任四井一直是无水产油,无水产油期长达4400多天,无水采油量达到155.3397万吨,连续自喷高产达16年之久,先后用10毫米、15毫米、20毫米油嘴自喷生产,是华北油田第一口日产千吨以上的高产油井。1991年11月15日第一次实施井下作业,安装了抽油机,由自喷生产改为机械采油,进入人工举升生产阶段。石油工业部重组改制以后,华北油田积极适应新形势新要求,大力实施精细化管理工程,通过精细化管理使任四井继续保持着一定的原油生产能力,开发水平跃上新台阶。据地质研究成果,生产潜力仍然较大,2010年5月,由10型抽油机更换为14型抽油机,单井日产油超过3吨,高于中国石油平均单井日产量水平。

回望石油发现井

今天,任四井井场上的抽油机依然默默地转着,抽油机驴头有规律地上下磕着,将地下的原油一抽子一抽子地提升到井口,源源不断地输送着黑色的原油,一刻也不停歇,默默地劳作着,表现出了极强的生命力。

今天来到任四井,井场矗立着一座枣红色纪念碑,灰色的底座由长方形石板堆砌而成,底座上方是碑身,碑身是一块恰似古潜山构造形状的大理石,石碑顶上那个红色的小点就是任四井在潜山中的位置,碑身正面刻有时任石油工业部副部长张文彬同志的题词,几个大字苍劲有力,格外醒目。

石碑正面碑文如下:

华北古潜山油田发现井

任四井

张文彬

一九九六年四月

背面刻有时任华北油田总经理于英太撰写的碑文。碑文如下:

任4井位于河北省任丘市惠伯口乡境内,其地质构造单元属饶阳凹陷任丘潜山构造带。公元1975年2月17日鸣机开钻,钻深3200米,揭露第三系之下的中上元古界雾迷山组49米,即钻开了著称于世的古潜山,是年7月3日,对潜山地层裸眼酸化试油,日产原油1014吨,场面撼人心魄,甚为壮观,喷势之迅令风亦驻足,吼声之烈使河也哑言。任4井喷油,丰富了古潜山找油的地质理论,表述着"新生古储"的成藏概念。任4井宣告:任丘油田胜利诞生,潜山勘探春意盎然。

由此,国务院批准冀中地区展开石油会战。3万名石油健儿云集燕赵大地,近百台钻机广布华北平原,艰苦奋斗之风锤炼着

▲ 华北油田任四井纪念碑

职工队伍,科学求实之魂渗透于生产实践,一口口高产井争艳斗奇,千吨井、两千吨井……任9井更达5435吨,迄今乃位居我国单井初产油量之冠。短短一年,建成年产一千万吨的规模,创出了高速高效勘探开发油田之范例。古潜山的滚滚油流,北输京城,东送沧州,为国家原油年产上亿吨立下了赫赫战功,为时值困难的国民经济注入了强劲活力。

截至2002年,任4井累计生产原油逾170万吨。今日仍携昔日之雄风,持续创造世纪的明天。任4井作为华北油田功勋井,是一面镌刻石油人光荣传统的旗帜;任4井历览华北油田的发展,是一座在挑战中铸造辉煌的丰碑;任4井被誉为母亲井,催生出我国东部诸多潜山油气田。

历史摄进了任4井的风采,同样书写着为这风采奋战的将士们，那承钻这口井的3269钢铁钻井队，那首先来这里采油的24人小分队，那勇于实践的勘探者和决策者……为了缅怀过去，激励未来，中国石油华北油田党委研究决定，将任4井列为爱国主义教育基地，适逢任4井面世28周年之际，撰文以记之。

于英太
二〇〇三年七月

任四井是一座丰碑，见证了华北油田的勘探开发历史，记载了石油人艰苦奋斗的丰功伟绩，诠释了石油人迎难而上、甘于奉献的价值观，体现了石油人科学求实的工作态度和勇于创新的精神风貌，催生了一座石油城在华北平原的崛起。任四井被誉为华北油田"母亲井""功勋井""高效井"。

任四井是华北油田的骄傲，华北油田从这里走来。任四井是华北油田的象征，见证了华北油田的发展历程，诠释了"爱国、创业、求实、奉献"的石油精神。任四井是一面旗帜，是华北油田开拓者的旗帜，是石油人艰苦创业、爱国奉献的旗帜。

1975年9月，华北油田指挥部建设任四井展室。

2003年7月，华北油田将任四井列为爱国主义和石油传统教育基地。在任二计量站院内建设任四井展室，展示面积200平方米。

2004年4月，任四井被中国石油天然气集团公司命名为企业精神教育基地。

2004年11月，任四井被共青团河北省委员会命名为河北省青少年爱国主义教育示范基地。

2010年11月，任四井被华北油田公司党委组织部命名为党员教育基地。

中原油田发现井——濮参一井

1976年，新濮参一井完钻喷油，现场召开喷油祝捷大会，东濮石油勘探会战领导小组组长傅积隆在大会上满怀激情地说："新濮参一井喷油，是东濮石油会战的第一声礼炮，是油田发展的第一步，就像一本厚重的书，才翻读了第一页。我们要再接再厉，决心拿下大油田。"濮参一井的喷油，成为中原油田的发现井被载入史册。

中原地区油气资源勘探，始于20世纪50年代，早期以在东明县区域地质调查为主，20世纪60年代开始地震钻探工作，1967年冬在东明县城关镇朱口村钻探完成东参一井，首见生油层和油气，获得了对地质构造特征的认识，提出凹陷生成油气理论。

1973年开始，河南油田、石油物探局组织10个勘探作业队，在山东、河南交界的临清凹陷开展工作，进一步提高资料的准确度和清晰度。1975年新年伊始，河南石油勘探指挥部在掌握了大量科学依据的情况下，抽调精兵强将，对东濮凹陷进行整体解剖。胡振民、朱水安、王点玉等与物探局第二指挥部总地质师吴奇之，经过反复查阅地震资料和分析研究，于1975年3月提出濮参一井、文一井、卫一井三口探井井位，5月向石油化学工业部部长康世恩进行汇报后，遂决定从南阳油田调三台钻机到濮阳地区。

1975年6月28日，由副指挥乔二虎亲自挂帅，河南石油勘探局3282钻井队北上开赴濮参一井设计井位，井位位于河南省濮阳县户部寨小濮州村西400米。濮参一井钻探目的就是为了了解古近—新近系沙河街组、馆陶组的含油情况，建立濮阳地区标准地层剖面，位置选在濮阳构造带文留构造东高点。

1975年7月25日，3282钻井队承钻的濮参一井开钻，钻井

回望石油发现井

队队长高夕月,副队长罗再友,指导员姚鸿斌,技术员陈林恒、孙敬贤。高夕月在井队宣布一条纪律:由于远离南阳油田总部基地,井队孤军作战,加上地层不熟,要做好打恶仗打硬仗的准备,新井开钻后所有人一年不准请假。9月7日钻至井深2597米时,地质技术员孙敬贤在岩屑录井泥浆中发现油斑砂岩,继而钻井液槽出现气泡油花,当钻至2607.6米时,发生井漏,同时发生严重油气侵,井口溢出棕黄色原油,17时44分转为井喷,钻井液、流沙和大量原油喷射出来,高达20米。呼啸而出的原油像瓢泼大雨一般笼罩了整个井场,远远望去,天空中升起一朵巨大的黑色蘑菇云,遮住了太阳,井场沸腾了,人们心急如焚,队长高夕月立即向油田总部报告。十万火急,高夕月按油田总部命令直接向北京汇报。一个钻井队长向国家汇报一口井的勘探钻井情况,这在中国石油史上是第一次。石油化学工业部总调度室接到汇报,一边向康世恩部长汇报,一边命令胜利油田千里支援濮参一井抢险压井。胜利油田迅速派出20辆大卡车,每辆车各两名司机,满载抢险设备和压井物资,连夜出发,奔赴濮阳。随后,大批干部、工人和设备物资在濮参一井集结。时间一分一秒地过去,油气、钻井液剧烈喷涌的呼啸声淹没了井场上鼎沸的抢险设备人声的喧哗。井喷后,由于井口未安装封井器,导致井壁坍塌。全体职工奋力抢救,终因喷势凶猛,钻井液耗尽,在既无封井器又无足够数量重晶石粉压井的情况下,钻具卡死停钻,连续喷油3天后,最终油井报废。为尽快掌握地下油气情况,经钻井工程师尹绪铭、雷建中和主任地质师王点玉同石油化学工业部石油勘探开发组钻井工程师李克向在现场研究,决定濮参一井工程报废。

1975年10月8日，河南石油勘探指挥部指挥杜志福向石油化学工业部汇报了濮参一井的喷油情况。10月18日，为进一步解剖濮参一井地质情况，决定由3282钻井队在濮参一井井位以北50米的地方再钻一口新井，这就是新濮参一井。1976年新濮参一井完钻喷油后，现场召开了喷油祝捷大会，会战指挥部1000多名参战职工兴高采烈地从四面八方来到会场，东濮石油勘探会战领导小组组长傅积隆在大会上满怀激情地说："新濮参一井喷油，是东濮石油会战的第一声礼炮，是油田发展的第一步，就像一本厚重的书，才翻读了第一页。我们要再接再厉，决心拿下大油田。"濮参一井成为中原油田的发现井被载入史册。

濮参一井喷油后，石油化学工业部领导根据探区地处山东东明和河南濮阳一带，正式把东明凹陷和濮阳构造带定名为东濮凹陷。东濮凹陷北起山东莘县，南至河南兰考，为渤海湾沉降带的一部分，是一个由地质断裂而形成的具有裂谷特点的盆地，呈东北—西南走向，北部窄，南部宽，横跨黄河两岸，面积约5300平方千米。从地质图上看，恰似一把平放的"琵琶"，因此中原油田有"金琵琶"之名。

1975年，石油化学工业部决定由胜利油田、河南石油勘探指挥部、石油物探局第二指挥部联合在东濮开展石油勘探会战。在濮阳成立东濮石油勘探会战指挥部，隶属胜利油田。10月22日，东濮石油勘探会战誓师大会在胜利油田总部基地召开，胜利油田副指挥姚福林主持誓师大会并作动员："东濮石油勘探会战意义重大，任务艰巨，我们要高速度、高质量、高水平地打好这一仗。"

1978年10月，东濮石油勘探会战指挥部更名为东濮石油会战指挥部。1979年，东濮凹陷建成原油生产能力100万吨，并被正式命名为中原油田,标志着继胜利、大港、辽河、任丘、南阳之后,渤海湾盆地第六个油田诞生。

1981年8月13日,东濮石油会战指挥部改变隶属关系,受石油工业部和河南省双重领导。1982年3月31日,石油工业部批准,东濮石油会战指挥部更名为中原石油勘探局,负责豫北、豫东、鲁西地区石油天然气的勘探开发工作。1982年10月9日,国务院正式批准开展中原科技攻关会战,通过对勘探开发过程中的技术难点进行分析,确定了中原科技攻关三年内主攻方向和80多项重点攻关项目,1982年底,石油工业部批准《中原油田三年科技攻关规划》,这是中华人民共和国成立以来石油工业组织的第十次大会战,和以往不同的是把科技发展作为会战的主攻方向。经过三年科技攻关会战,取得重大科技成果117项,对中原乃至全国石油工业的发展起到了促进作用。中原油田科技会战领导小组组长宋振明曾赋诗描绘会战:"颛顼之墟古战场,逐鹿中原争霸王,石油大军来会战,为使民富国家强。"

濮参一井的喷油,首次突破了东濮地区的出油关,揭开了这一地区石油会战的序幕。

▶ 中原油田发现井井场

中原油田发现井——濮参一井

为了纪念这口具有里程碑意义的油井，1985年9月7日，濮参一井纪念碑落成。纪念碑为红色大理石，碑高3.92米，碑身分三级，呈油田钻塔型。

▲ 中原油田发现井——濮参一井

碑身正面上书"中原油田发现井"七个大字，李敬题写，书法家全相和书丹。

碑身背面碑文：

濮参一井位于河南省濮阳市户部寨乡境内，是东濮凹陷第一口出油井，此井系由三二八二钻井队钻成。一九七五年七月二十五日开钻，九月七日钻至两千六百零七米，深处石油天然气流喷涌而出，声若雷鸣，震撼四野，从此揭开了中原地下石油资源的奥秘，诞生了中原油田。特立此碑，以志永久。中原石油勘探局，公元一九八五年九月七日。

◀ 中原油田发现井纪念碑碑文

2000年8月11日,中原油田发现井被河南省濮阳市列为市级文物保护单位。

▲ 中原油田发现井被列为市级文物保护单位

中原油田修建了发现井展厅,并将发现井列为青少年思想道德教育基地。

▲ 中原油田发现井展厅

▲ 中原油田发现井被列为青少年思想道德教育基地

西南油气田功勋井——相十八井

相十八井出气的消息传出,川中沸腾了,四川油气田沸腾了,这一重大发现如一束希望之光,照亮了川渝千里气田,川东气田进入一个红火的年代。这是四川盆地继二叠系和震旦系之后又发现的一个新的主力气藏,彻底改变了四川盆地东部无石炭系的历史定论,是油气勘探史上的重大发现和新的里程碑。

四川盆地位于我国内陆腹地，横跨四川省和重庆市，东北为大巴山，西北为龙门山、邛崃山，西南有大凉山，东南为大娄山，盆地内部多低山丘陵，地理环境优越，物产丰富，盆地西部的成都平原自古有"天府之国"之称。

四川盆地是我国大型含油气盆地之一，面积18万平方千米。天然气资源十分丰富，早在两千多年前就发现并开始开发利用天然气。盆地沉积和盖层发育齐全，总厚度6000~12000米。其中，震旦系至中三叠统是海相沉积，厚度4000~7000米，以碳酸盐岩为主；上三叠统是一套由海相过渡到陆相的沉积，厚度250~3000米，以碎屑岩为主；侏罗系到古近—新近系为陆相地层，厚度2000~5000米，主要是一套碎屑岩。主要目的层埋深在2000~7000米。盆地内局部构造多，遍布东西南北中，其形态各异，规模不一，是石油天然气最富集地。

四川钻凿天然气井的历史源远流长，西汉末年就掘凿成世界上最早的天然气井，有"火井"记载。汉唐以来，在自流井构造钻井造盐，同时采气熬盐。明清时期用于天然气井和盐井的卓筒井技术处于世界领先水平。1835年钻成世界上第一口井深超过1000米的天然气盐井——燊海井。

1936年9月，国民政府资源委员会在四川成立四川油矿探勘处，着手开展四川油气勘探工作。根据地质调查所潘钟祥所定井位，在巴县石油沟构造钻凿一号井，工程师王显文组织钻机安装和钻井工作，张洪瀛负责资料翻译并协助王显文工作。1937年10月28日，巴1井开钻，1939年11月25日，巴1井钻达井深1402.2米嘉陵江统第五组地层，在石灰岩地层获得日产1.5万立方米的工业气流。这是中国近代油气钻井史上用旋转钻机钻成的第一口天然气井。发现了中国近代第一个天然气田——石油沟气田。1943年，钻机调运玉门油矿。

1942年，国民政府资源委员会地质学家赵家骧等对沙坪坝、相国寺一带进行地质调查。赵家骧描述了相国寺构造轮廓，并认为相国寺和龙王洞为两个背斜，在相国寺构造南端嘉陵江边有一庙名为"相国寺"，因而命名为相国寺构造。1950年，地质部成立西南地质调查所。1952年，燃料工业部石油管理总局成立西南石油勘探处。1956年全国石油勘探会和第二届石油普查会在北京召开，会议作出"向川中进军"的决定。1958年至1965年，石油工业部先后组织三次石油大会战。1958年3月，川中石油勘探会战，龙女寺构造女2井、南充构造充3井、蓬莱镇构造蓬1井相继在凉高山、大安寨组喷油。1958年11月18日，"一上川中"开始会战。1960年8月，四川石油管理局"二上川中"，组织川中隆盛、桂花、大石、充西勘探会战。1965年，石油工业部组织"三上川中"会战。

1954年，西南石油探勘处在相国寺地区进行比例尺为1:50000的地面构造细测。1960年，相2井在阳三、阳二段获工业气流，测试日产气量1.29万立方米。1965年，阳三气藏第一口投产气井相 3 井投产，日产气量 0.6 万立方米。1977 年 4 月，以阳新统为目的层的相 8 井，在穿过阳新统向下打口袋时，出现了 17.5 米的白云岩，引起石油沟气矿地质、科研人员的重视，与 1965 年钻探蒲包山的蒲 1 井时见到的白云岩类似，因为一直没有找到标准化石，被称为"哑层"。由于地质认识不足，未对其含气性和地质形成年代进行深入研究。

早在 2.5 亿年前的上古生代，川东区域是辽阔的海湾，沉积了含有丰富海藻的白云岩和石灰岩，这些沉积物在地下 3000~4000 米深处沉睡 3 亿年，是形成油气的最好层位，具有分布面积大、见气普遍、油气来源多、储集层孔隙度与储气构造类型多的特点。过去没找到石炭系，很有可能是钻探深度不够而未到达目的层。根据对相国寺多轮次的地质普查，其具有石炭系地层的可能性非常大。相国寺构造，东接长寿，西邻北碚，南与沙坪坝区相连，北抵四川邻水县。

1974 年，相国寺气田开始地面建设，兴隆站、相渝线建成投产，这一时期，四川天然气勘探主要集中在川南、川西南和川东部分地区的二叠系、三叠系，以裂缝圈闭气藏为主。1977 年 5 月 22 日，重庆市渝北区兴隆镇新坑村，相十八井开钻，钻井地质设计在志留系完钻。四川石油管理局 32526 钻井队承担钻井任务，钻井队长赵代禄。7 月，钻至阳 1 层位即 2000 多米时，按原钻井地质设计应该完钻，但此时未发现任何石炭系迹象。陈寿先、尚兴德根据已掌握区域内的地质资料，仔细研究岩屑砂样后得出可能是一个新层位的判断，提出在相国寺构造顶部打一口新井的设想，并向川东矿区矿长边铁军汇报，边矿长提议直接加深钻井，这样不仅节约时间，又节约资金。边铁军矿长与矿区党委书记冯希珍共同研究决定，相十八井钻穿二叠系后继续加深钻进。总地质师李安静、钻井总工程师张鸣歧共同研究加深措施，工程师庞家黎连夜拿出加深钻井设计方案。钻进过程中，局领导黄凯、马文林、董金壁，地质师包茨先后到井队指导工作，副矿长任家林、钟国臣先后亲临井场，坐镇指挥。

▲ 32526钻井队干部职工和矿区领导研究相十八井钻井技术方案

加深钻进开始不久，就遇到令钻井队畏惧的"燧石层"，硬度形同钻石，当时的一个钻头打2寸就得更换，10多米的"燧石层"打了10多天，吊牙轮、卡钻事故时有发生，以往没遇到的事故都遇到了，钻速极低，井队钻工意见很大。边铁军要求相国寺指挥所指挥钟国臣盯在现场，一方面把握好技术关，一方面稳定队伍情绪。

西南油气田功勋井——相十八井

▲ 时任川东矿区矿长边铁军在钻井平台指挥钻井

钻穿"燧石层"后果然出现石灰岩，1977年9月，钻至目的层阳新统，在加深钻探中发现12.5米的白云岩地层，10月21日，钻穿13米厚的白云岩后完钻，完钻井深2333米。完钻后，井队、矿区、局有关技术人员综合研究后提出测试意见，10月26日，在中石炭统黄龙组获日产59.9万立方米工业性气流。11月14日，

▲ 1977年，相十八井获得高产天然气流

投产试采，日产天然气 34.5 万立方米。

相十八井出气的消息传出，川中沸腾了，四川油气田沸腾了，领导和职工都十分高兴，这一重大发现如一束希望之光，照亮了四川千里气田，决定了四川石油的战略转移，川东气田进入一个红火的时代。

川东相十八井石炭系的发现，是大发现，更是大转移，打开了川渝油气区这本厚重的地质古书。1977 年 12 月 27 日，川东矿区矿长边铁军向杨型亮书记电话报告："相十八井出气了。"之后，向董金璧局长汇报，董金璧局长要求做好酸化测试工作。接着，在副矿长任家林指挥下，下尾管射孔进行酸化，酸化后，测试获日产天然气 85.05 万立方米，从而发现了川东石炭系碳酸盐岩裂缝孔隙性气藏，这是四川盆地继二叠系、三叠系和震旦系之后发现的又一个新的主力气藏，彻底改变了四川盆地东部无石炭系的历史定论，是油气勘探史上的重大发现和新的里程碑。通过对该构造的集中钻探，并在其他构造区域预探，证明了石炭系是川东地区分布广且具有巨大潜力的勘探层位，也是四川盆地找到的第一个大面积分布的整装气藏。

相十八井出气后，石油沟气矿边铁军矿长要求总地质师李安静、地质师刘云鹤组织研究出气层位的归层问题。为彻底搞清相十八井钻遇地层中白云岩的层位归属问题，四川石油管理局地质勘探开发研究院与中国科学院南京古生物研究所、成都地质学院协同研究，由于岩屑被白云化，分辨不清楚，加之一米取一个样品进行鉴定，资料严重不足，最终未得出可靠的结论。后来，针对相十八井 2305~2317 米井段，12 米岩屑采集制作 314 个样品，加上蒲 1 井和相 8 井的岩屑，总共做了 455 个样品。一个样品接着一个样品处理，一个薄片接着一个薄片鉴定，在鉴定 2317 米第 5 个样品时，刘云鹤发现一粒球瓣虫化石。根据古生物学、微古生物学和地层史推论，结合邻区华蓥山西侧三百梯的有孔虫化石，再根据上下层关系，综合判断就是石炭系，认定白云岩层为中石炭系黄龙组，得出"裂缝—孔隙型储层，渗流条件好，地质年代属石炭纪"的科学结论，否定了"川东地区石炭系缺失"的认识，发现相国寺石炭系气藏。相 18 井产气层是石炭系，不仅多产层，而且大面积分布，有很好的储层特点，是四川盆地的一个大发现、大突破。1978 年，成 2 井取心，取出石炭系标准化石，印证了相 18 井的推论。自此，打开了四川盆地找气的又一新领域。

相十八井，川东石炭系气藏的龙兴之地，静卧华蓥山深处，是四川盆地天然气勘探开发领域战略转移到裂缝—孔隙型气藏的重要标志，我国规模开发海相碳酸盐岩特大含硫气藏的起点。如诗所云："川东相十八，一喷惊天下，川府工农业，今后就靠它。"从此，石油工业部在四川盆地天然气勘探的主要目标，转移到川东石炭系，打开了川东天然气勘探新局面，迎来我国天然气储量、产量快速增长的高峰期。

相十八井的不朽功绩与重大意义在于：发现了川渝石油人苦苦寻觅的石炭系，结束了川渝油气区"有气无田"的历史，成为川渝油气区乃至全国天然气勘探史上的一座里程碑，与中国油气工业发展尤其是川渝油气区的兴盛相接相连。

2017 年西南油气田公司在重庆气矿恢复性重建的基础上对相十八爱国主义教育点进行改建，修复更新了采气井口，建设了主题雕塑、文化墙和浮雕墙。

回望石油发现井

▲ 相十八井采气井口

相十八井主题雕塑为三个半身人像，分别代表石油地质技术员、钻井工人与采气女工，也代表了相十八井经历的三个阶段。雕塑人物神情坚毅，寓意石油员工于荒郊野外、大山深处栉风沐雨，顶严寒酷暑，志在钻获石炭系和开采石炭系。

▲ 功勋气井——相十八井主题塑像

西南油气田功勋井——相十八井

▲ 功勋气井——相十八井主题雕塑基座正面记事碑

相十八井主题雕塑底座由条形花岗岩砌成，正面镶嵌一块黑色大理石，碑文详细记录了雕塑和爱国主义教育点的历史变迁，碑文如下：

回望石油发现井

功勋气井

(1977—2011年)

相18井的勘探开发史,是川渝石油人艰苦奋斗、励精图治的创业史。1992年10月,原中国石油天然气总公司将相18井命名为"功勋气井";同年12月,为彰显相18井的赫赫功勋,记载一代代石油人艰难的奋斗历程,四川石油管理局在相18井立碑塑像。1996年,四川石油管理局原川东开发公司在相18井建立"功勋气井陈列室";同年2月,将相18井确立为"爱国主义教育点"。2001年,重组改制后的重庆气矿在相18井重建雕塑,修葺展室;同年10月,相18井被重庆气矿命名为"爱国主义教育点"。2013年4月,重庆气矿对相18井"爱国主义教育点"进行恢复性重建。2017年12月,储气库管理处进行改造性重建。

▲ 1992年12月,相十八井"功勋气井"纪念碑奠基仪式

相十八井主题雕塑底座背面,镌刻的4行语句,是对相十八井爱国主义精神的深刻写照和石油员工精神品质的高度概括:艰苦奋斗,淡泊名利的奉献精神;精益求精,一丝不苟的敬业精神;脚踏实地,科学严谨的求实精神;奋勇开拓,不懈进取的创新精神;团结一心,众志成城的团队精神。

西南油气田功勋井——相十八井

▲ 1996年2月，川东开发公司在相十八井举行爱国主义教育点落成仪式

◀ 功勋气井——相十八井主题雕塑基座背面碑文

回望石油发现井

  相十八井文化墙由"巨大鼓舞、艰苦奋斗、科学发展、固本强基、再创辉煌"共5个板块组成。文化墙上一幅幅党和国家重要领导人到川渝油气区活动的珍贵图片，以及他们对四川石油发展的指示，为川渝油气工业进入快车道注入了强劲的动力。正是在党和国家重要领导人的感召下，石油人顺应时代需要，天当房，地当床，艰苦创业，激情满怀，投入到声势浩大的川中会战、威远会战（红村会战）等石油大会战中。文化墙上的这一幅幅原始图片，记录了科学开采、科学管理，确保安全平稳采气的系列情景。

▲ 功勋气井——相十八井文化墙

相十八井浮雕墙,生动形象地记录了相十八井乃至相国寺气田发现、开发的 5 个阶段:1938 年的地质勘探;1977 年发现石炭系;1978 年石炭系会战;1979 年气田开发;2011 年改建为储气库。

▲ 功勋气井——相十八井浮雕墙

冀东油田发现井——南二十七井

南二十七井的出油,突破了砂岩地层出油关,给整个南堡凹陷第三系的勘探开发展现了光明前景,由此掀开渤海湾盆地勘探开发的新高潮。

冀东油田发现井——南二十七井

冀东油田位于河北省渤海湾北部沿海，东与辽宁省分界，西与天津市分界，北到燕山南麓，南到渤海 5 米海图水深线，地质构造为渤海湾盆地黄骅坳陷北部。油田所处地貌由冲积平原和滨海平原组成，地势平坦，北高南低，海拔 2~6 米。油田区域多为鱼塘、虾池、盐田、稻田、芦苇荡。因受河水冲积，由北向南依次由潟湖平原、海退地、潮间带构成，多为碱土和滨海盐碱土，底质肥沃，排水洗碱后适于水田作物生长。生产用水主要依靠滦河下游输水总干渠，渠系成套，形成"冀东水乡"。

冀东地区的地质勘探工作从 20 世纪 60 年代初开始。1959 年大庆油田发现后，参加会战的 30 多支勘探队伍奉中央命令开赴关内，剑指渤海湾盆地，拉开了渤海湾盆地勘探大会战的序幕，围绕渤海湾布下了"天罗地网"，勘探工作全面铺开。1962 年至 1963 年间，勘探队采用 51 型磁带地震仪进行勘探，依靠人工完成地震测线 499.5 千米，测网密度 0.5 千米×0.5 千米，通过地震资料解释发现高尚堡重力高，继而勾画出南堡凹陷的局部轮廓。1964 年 2 月 2 日，由河北勘探指挥部 32151 钻井队在南堡凹陷施工的第一口探井——南 1 井开钻，6 月 20 日完钻，完钻井深 3332.85 米，完钻层位为古近系沙河街组，发现了一些油气显示。

后来由于会战队伍的转移，致使该区的勘探工作中断。

1971—1978年，继续开展地震勘探工作，完成模拟地震单次覆盖2062.5千米、6次覆盖1493.5千米，基本上明确了冀东地区"五凸七凹"的构造格局与南堡凹陷的构造概貌。五凸七凹分别为姜各庄凸起、马头营凸起、西南庄—柏各庄凸起、老王庄凸起、西河凸起，秦南凹陷、昌黎凹陷、乐亭凹陷、白臼坨凹陷、南堡凹陷、涧河凹陷、北塘凹陷。最主要的凹陷是南堡凹陷。经过长期探索和准备，1979年初，南27井作为高尚堡构造的一口重点探井被确定下来。

南27井，地处河北省唐山市唐海县三农场，距离唐海县城南约20千米，地质构造上属南堡凹陷高尚堡构造，是部署于南堡凹陷高尚堡构造上的第一口探井。

1979年2月17日，由大港油田会战指挥部第一勘探指挥部32611钻井队承钻的南27井开钻，钻井队队长牛星强，指导员张汉城，技术员杨昭智、曹景臣。井位位于高尚堡构造，设计井深4100米，目的层为古近系及古生界。7月17日完钻，完钻井深3341.64米，8月7日完井，打开层段位于新生界、古近系、渐新统、沙河街组，岩屑录井在沙三段发现油浸显示，发现3234.0~3273.2米范围内约有25米厚的油层。1979年8月19日，大港油田会战指挥部井下作业指挥部作业15队在3234~3272.2米层段进行试油，采用13毫米油嘴，日产原油28.5吨，日产天然气586立方米，产水118立方米。高尚堡油田由此发现，揭开了冀东油田勘探开发的历史序幕，南27井成为冀东油田发展史上的里程碑。

南27井的出油，突破了砂岩地层出油关，给整个南堡凹陷古近—新近系的勘探开发展现了光明前景，由此掀开渤海湾盆地勘探开发的新高潮。随后开展了大规模的地震勘探和钻探工作，1980年柳赞构造柳1井、高尚堡构造高2井，均获自喷工业油流。1981年北堡构造北2井发现凝析油气藏。1982年成立大港油田北部试采处，1983年成立了大港石油管理局北部勘探开发公司，拉开了南堡油区开发的序幕。1983年在高尚堡构造南翼的高31井、高37井、高34井发现了浅层油藏。1985年在唐海古潜山寒武系裂缝带发现工业油流。1986年在老爷庙构造庙8x1井发现了工业油流，陆续发现了柳赞、老爷庙、北堡、唐海、杜林等油田。同年部署了高南浅层开发井网，高尚堡油田正式投入开发。1988年1月，为落实"稳定东部、发展西部"的石油发展战略，加快石油科技体制改革，经与国家科委、天津市政府、河北省政府协商，石油工业部决定将大港石油管理局北部勘探开发公司从大港油田分离出来，按照"油公司"和"科研生产联合体"新型管理体制的要求，组建冀东石油勘探开发公司。1988年4月15日，冀东石油勘探开发公司成立，由石油工业部石油勘探开发科学研究院总承包，实行"油公司"体制和"科研生产联合体"模式。1991年1月，石油工业部石油勘探开发科学研究院承包期满，中国石油天然气总公司决定将冀东石油勘探开发公司改组成具有独立法人资格、直属中国石油天然气总公司领导的经济实体。

南27井是冀东油田的骄傲，是冀东油田的功勋井，见证着冀东油田科技创新、锐意改革、奉献能源的不平凡历程，是冀东油田的石油之源、精神之源、信念之源。南27井开井生产历时26年，于2005年3月停产封井，累计生产原油4190吨。如今，这口井静静地矗立在冀东广袤的土地上，作为一座丰碑，每天沐

回望石油发现井

浴着风雨,沐浴着阳光,俨然一位退休后的老人,安详而平和地注视着冀东油田翻天覆地的变化,今天,南27井已经成为一种精神象征,永远屹立在冀东大地上。

2007年10月,冀东油田在南27井原址建成"企业精神教育基地",为冀东石油人继续追寻蓝色梦想注入不竭的精神动力。基地建有高大的一面白色建筑,大理石贴面,被大红的柱子从右侧和顶部围住,白色大理石贴面上鲜红的大字特别耀眼:"冀东油田从这里诞生",这里就是冀东油田的诞生地。

▲"冀东油田从这里诞生"纪念碑

井场建有一座宏伟的雕塑,仿抽油机驴头造型,三根黄色镶边的红色柱子,三个柱子分别象征冀东油田诞生、发展、腾飞三个阶段,靠右边最高的柱子上写着"冀东油田发现井",在三个红色柱子上镶嵌着一块大石,上书:"爱国 创业 求实 奉献",雕塑后边是10面铝合金结构的橱窗,里面用文字、图片、曲线记录了冀东油田波澜壮阔的发展史,在小广场的右边,就是发现井的原井位,采油树被粉刷一新,旁边有一块花岗岩石碑,上刻:

冀东油田发现井——南二十七井

"南 27 井",红色的字体十分清晰。石碑和采油树被不锈钢的链子围了起来,六个柱子将链条连接起来,体现庄重稳健。

▲ 冀东油田发现井主题雕塑

站在南 27 井旁边,环顾井口、石碑、橱窗、大型纪念碑、广场上的宝石花,仿佛又置身于那个战天斗地、钻机轰鸣、激情飞扬的年代,倾听着它默默地讲述,讲述一位老人的一生一世,讲述冀东油田从小到大的风风雨雨和石油辉煌的如歌岁月。

▲ 冀东油田发现井——南 27 井

塔里木油田功勋井——轮南二井

轮南二井喷油,彻底改变了石油地质界对塔里木盆地深部地层含油气前景的认识,极大地鼓舞了在塔里木找到大型油气田的信心,轮南二井成为六上塔里木的发轫井、塔里木油田的功勋井,是塔里木石油勘探的里程碑,由此拉开了塔里木盆地大规模油气勘探开发会战的序幕。

塔里木油田功勋井——轮南二井

塔里木，一片神奇的土地。在寒武纪、奥陶纪、白垩纪，宇宙之神偶一翻身，天地轰鸣，顿时陆地崛起，海水退位，险峻耸立，平庸退去，诞生了塔里木盆地塔克拉玛干大沙漠。

曾是古丝绸之路中心的轮台县有一个美丽的传说，一位仁慈的神仙想给轮台人一把金钥匙，让他们打开地下宝藏，不幸的是金钥匙被神仙的女儿弄丢了，神仙怒将女儿囚禁在塔里木盆地，从此塔里木就变成了塔克拉玛干沙漠。也许，石油就是传说中那把开启宝藏之门的金钥匙吧。

轮南地处天山南麓，新疆轮台县以南38千米处，是塔里木石油勘探开发主战场，也是西气东输工程的起点，沙漠公路的起点。轮南"因油而生"。轮南，塔里木盆地石油勘探"六上五下"艰难发展历程的重要战场，在这里，死亡之海绽放了美丽的石油花。

20世纪20年代后，中外地质学家的足迹开始印在塔里木盆地，并一度掀起科考热潮。袁复礼、丁道衡、谢家荣、诺林……一位位享誉世界的地质学家慢慢勾勒出塔里木地宫形态，并通过多篇论著证实：这是一块宝地，蕴藏着丰富的油气。

1952年，中苏石油股份公司在南疆成立喀什钻井处，处长库

回望石油发现井

里科夫（苏方）、副处长王存柱、曹进奎（中方），有4台钻机，负责喀什、阿克苏地区的钻探工作。12月，塔里木盆地第一口探井喀1井在喀什背斜开钻，未见油气显示。

1958年8月18日，新疆石油管理局在阿克苏成立塔里木矿务局。9月23日，1436钻井队承钻的库车依奇克里克1号探井开钻，10月9日钻至468米时喷出油气流，日产原油140吨，发现了塔里木依奇克里克油田。1959年7月，塔里木矿务局撤销，成立塔里木地质勘探处，一批队伍调往克拉玛依。1964年12月15日，塔里木勘探会战指挥部成立。1969年钻探工作基本停顿。1970年4月，石油工业部在玉门召开会议，做出"高速度进行南疆石油勘探"的决策，9月，新疆石油管理局组建南疆石油勘探会战指挥部，以盆地西南为主要勘探区域。1973年钻探工作基本停止。1975年3月，勘探重点转移至西南斜坡地区。1977年5月17日，柯克亚1号探井喷油，发现柯克亚油气田。1978年2月，组织南疆石油勘探会战。会战从盆地北部的库车坳陷至巴楚隆起西部到西南坳陷的喀什、叶城、皮山一带展开，未获得突破。至此，石油人五上五下塔里木盆地，只发现了一些小型油气田，未形成实质性突破，但取得了对盆地油气资源和地质状况的初步认识，并积累了一定的钻探技术储备，为"六上"塔里木创造了有利条件。

1983年至1985年，2个美国地震队和1个中国地震队进入塔克拉玛干沙漠腹地进行地震普查。1985年，塔里木综合研究大队完成第一份《塔里木盆地油气资源评价报告》，建议对最有利的塔中1号背斜、轮南1号、南喀拉玉尔滚背斜、英买力1号背斜和塔中2号构造5个圈闭上钻井。也就是在这一年，石油工业部决定在"七五"计划期间，再上塔里木，组织新一轮石油钻探。

1984年以来，地质矿产部沙参2井、沙参14井、沙7井，石油工业部轮南1井、轮南2井相继喷油，证实了塔里木盆地是油气资源潜力很大的地区。

1986年3月20日，新疆石油管理局塔里木盆地沙漠勘探项目管理经理部成立，实行项目管理和甲乙方合同制。

1987年3月21日，塔北隆起东段的轮南1井开钻，7015钻井队承钻。9月21日，中途测试，用9.55毫米油嘴求产，日产原油28吨，天然气2488立方米，首次发现三叠系工业油流。1988年3月23日完钻，完钻井深6002米。1989年3月28日至4月2日完井试油，在奥陶系石灰岩进行酸化，日产原油97.46吨；在三叠系第三油组求产，日产原油65.76吨，天然气8.19万立方米。

1988年1月11日，轮南2井钻井地质设计由刘戈完成，并最终获得了新疆石油管理局总地质师张国俊、总工程师钟树德、局长谢志强的批准。

1988年3月24日零时，由新疆石油管理局南疆石油勘探公司6048队承钻的轮南2井开钻，井位位于新疆巴音郭楞蒙古自治州轮台县境内，设计井深5500米。钻井队长魏翊存，指导员薛宝龙，技术员赵伟、周向苏，钻井监督陈金良。6月8日，在钻进到4235.58米时，在侏罗系发现钻速加快，钻井液槽面见到黑色油花，决定起钻换取心筒取心，第二天取出7米长含油岩心。6月20日钻至4354.85米时进行第一次中途测试，未获产量。10月11日，钻至井深5221.03米完钻，累计取心64.66米，

回望石油发现井

```
        塔里木盆地
     钻井地质设计书
  塔 北 地区（构造）轮 南 2 井


  局    长  谢 志 强     4/2-88
  局总工程师  钟 树 德    18/1-88 年
  局总地质师  张 国 俊    1.30/88
  公 司 经理  钟 树 德    18/1-88 年
  作业副经理  俞 新 永〈代〉
  地质副经理  王 秋 明    88.1.14
  审 查 者  种 建 民
  设 计 者  刘  戈


  新疆石油管理局南疆石油勘探公司
        1988 年 1 月 11 日
```

▲ 塔北地区（构造）轮南 2 井钻井地质设计书

完钻地层奥陶系，钻经第四系、古近—新近系、白垩系、侏罗系、三叠系。11 月 17 日开始试油，分别在三叠系和侏罗系进行试油，射开 4937.2～4943.8 米和 4930.3～4934.8 米两个层段。钻井监督陈金良发现，连接井口的喷管里冒出带黑色油花的钻井液。一把点燃的梭梭柴被扔向橙黄色液体，顿时，烈火腾跃，映红了天空,也沸腾了井场——出油了!测试获得日产原油682立方米,天然气11万立方米。

▲ 新疆石油管理局6048钻井队承钻轮南2井

1988年11月19日,《工人日报》《新疆日报》等媒体以标题《新疆塔里木盆地又获日产682立方米原油、11万立方米天然气的高产油气井》报道了这一振奋人心的大好消息。11月28日,中国石油天然气总公司将刊登轮南2井获高产油气流喜讯的第七期《石油简报》报送党中央国务院,党中央国务院给予充分肯定,要求新疆石油工业战线的同志们继续努力,争取在塔里木拿下一个大油田。12月1日,《人民日报》头版刊登消息《塔北轮南2井获得高产日产原油682立方米》。12月5日,新疆维吾尔自治区党委书记宋汉良和主席铁木尔·达瓦买提赶往轮南2井,慰问石油职工。

▲ 轮南 2 井喷出高产油气流

轮南 2 井喷油，彻底改变了石油地质界对塔里木盆地深部地层含油气前景的认识，极大地鼓舞了在塔里木找到大型油气田的信心，轮南 2 井成为"六上塔里木"的发轫井，塔里木油田的功

▲ 轮南 2 井抽油机井场

勋井，是塔里木石油勘探的又一座里程碑。1989年6月15日，轮南2井成功试采，成为塔里木石油勘探开发指挥部第一口试验井。塔里木油田油气开发工作由此拉开序幕。

轮南2井喷油，拉开了塔里木盆地大规模油气勘探开发会战的序幕。1988年12月19日，中国石油天然气总公司按照"稳定东部、发展西部、寻找油气资源战略接替区"的总体部署，经与新疆维吾尔自治区政府协商，向党中央、国务院请示组建塔里木勘探开发指挥部。经党中央、国务院批准，1989年4月10日，塔里木勘探开发指挥部成立。自此，开始"六上塔里木"，去寻找几代石油人梦想中的大场面。

▲ 1991年1月1日，塔里木首列火车装载原油外运

塔里木勘探开发指挥部以"采用新的管理体制和新的工艺技术，实现塔里木石油会战的高水平和高效益"的"两新两高"工作方针，采取油公司管理体制，开创我国陆上石油工业走向市场经济的先河。1991年1月1日，塔里木首列火车装载原油外运。

回望石油发现井

▲ 塔里木油田功勋井——轮南 2 井纪念碑

今天，矗立在井场的"轮二功勋井"纪念碑，就是石油工业破浪"死亡之海"的历史坐标，是几代找油人奉献青春的岁月标签，更是塔里木油田永恒的创业勋章！

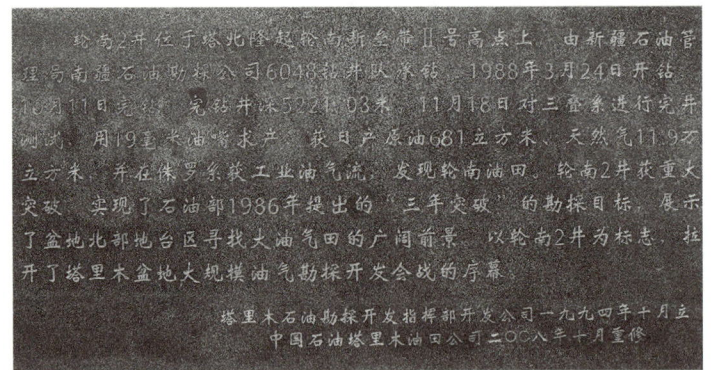

▲ 轮南 2 井纪念碑碑文

"只有荒凉的沙漠，没有荒凉的人生"这句话成为塔里木石油人征战死亡之海的奋斗格言，也展现了石油人为国家找油找

· 308 ·

气、无私奉献的大气情怀。2004年,轮南2井被中国石油天然气集团公司命名为企业精神教育基地。

▲ 塔里木功勋井——轮南2井井场

吐哈油田发现井——台参一井

台参一井喜获工业油流,被赞誉为1989年中国石油工业第一枝报春花,标志着吐哈盆地在侏罗系油气勘探取得重大突破,改变了我国西部地区侏罗系找油无所作为的局面,丰富了我国陆相生油的理论,拓宽了找油领域。过去被世界石油打入"冷宫"的侏罗系,从此身价大增,盆地大规模勘探开发也自此拉开序幕。

吐鲁番，见证了古丝绸之路的千年沧桑，也见证了石油人在大漠戈壁找油找气的艰辛历程。

1950年，吐鲁番盆地石油地质调查项目列入国家计划。1958年3月，燃料工业部玉门矿务局组建吐鲁番勘探大队，在吐鲁番盆地展开石油勘查。1959年3月，石油工业部玉门石油局成立吐鲁番矿务局。经艰苦钻探，发现36个地面构造和9个潜伏构造，证实吐哈盆地是一个具备工业勘探价值的含油气盆地。

1983年8月，石油工业部在克拉玛依召开西北地区石油勘探会议决定：重进吐鲁番。会后，国务委员康世恩集中与会专家意见，向中共中央、国务院递交《关于加强新疆石油勘探工作的报告》，首次提出"石油工业勘探重点西移"的战略构想。石油物探局、石油勘探开发科学研究院、玉门石油管理局的石油地质勘探队伍和科研人员再次来到这片令他们魂牵梦绕的大山戈壁。

1986年4月，石油工业部首次把吐鲁番盆地和哈密盆地并列纳入勘探范围，统称为吐哈盆地。当年，在石油工业部总地质师阎敦实的主持下，石油工业部石油勘探开发科学研究院、石油物探局、玉门石油管理局共同组成联合勘探研究队。勘探队员脚踩戈壁砾石，穿山越谷，风餐露宿，经过艰苦勘查、论证，在吐鲁番坳陷台北构造带上圈点了盆地第一口探井井位。

吐哈盆地作为西部石油勘探的重点地区之一，为研究吐哈盆地的生油条件、地层层序、岩性、岩相，以及生储盖条件的配置关系等做出了巨大贡献。1987年在吐哈盆地台北构造上部署中国第一口科学探索井，取名为台参一井。该井是全国第一口科学探索井，由石油工业部石油勘探开发科学研究院、石油勘探局、玉门石油管理局共同研究确定井位，由玉门6052钻井队承钻。

台参一井位于兰新铁路鄯善站西南约10千米处，构造位于吐鲁番坳陷柯克亚背斜东南部，钻探目的层为侏罗系、三叠系、二叠系。台参一井是吐哈盆地第一口深探井，也是石油工业部1986年确定的全国陆上石油10口科学探索井之一。早在1958年，在距离台参一井约4千米处曾经钻探台北一井，具体位置在台北构造以北、丘陵构造以东，这口井钻开侏罗系主要含油气层，完钻井深3122米，钻遇第四系、古近—新近系、白垩系、侏罗系，油气显示不错，电阻率也很高，限于当时的技术条件和经验，采用大密度钻井液，污染了油层，试油也不彻底，最终解释为非油气层，未取得重大发现，使这个油田的发现整整延迟了三十年。

为确保第一口科学探索井万无一失，受石油工业部领导委托，石油勘探开发科学研究院院长翟光明亲自领导，具体落实，认真研究。石油勘探开发科学研究院派出野外调查小组，搜集地质资料，在吐鲁番盆地进行野外地质踏勘，同时石油物探局完成了数字地震剖面1730千米，并对38条测线进行处理解释，绘制了台北坳陷、胜金台、柯克亚三个构造。在选定井位构造的南边七克台乡，调查小组踏探了一套直立出露的侏罗系，并命名选定的构造为台北构造。地质队员调查了盆地西侧的火焰山构造,火焰山是个背斜构造,被抬得很高,侏罗系很浅。对比后发现:台北构造在火焰山东侧,先前火焰山的井在三四百米左右,基本没有压力;但这次要打的井井深却是在2900米左右,储层压力高。通过对地震资料进一步研究,发现有凹陷,既有生油的条件,又有储集层条件,出油可能性很大;如果以二叠系为主要目标层,圈闭面积仅有3平方千米,侏罗系构造则有16平方千米,而且二叠系深度在四五千米以下,即使二叠系不出油,侏罗系也有很大把握。

石油勘探开发科学研究院院长翟光明了解野外调查情况后,满怀信心地说:"七克台的多层砂层都是油砂露头,我曾经亲眼看见维吾尔族老乡见到的油砂,往下深挖10米左右,油就流了出来,用吊桶把人送下去,再将油捞出后拿去卖。台北构造在七克台北边,出露的地层有油砂,所以我对在侏罗系找油很有信心。"在用新方法做完地质设计后,翟光明提出:要对该地区、该井有专门地质研究报告;要有地质设计报告;特别注意搞好岩屑录井的设计,包括怎样测录这口井;为保护油气层,一定要把钻井液做好,因此要有钻井液设计;整个钻井工程完井要有设计;要有经济评价,打井前要有评估。翟光明当年提出的这六项设计要求,是地质与工程的结合,处处体现及时保护和发现油气层的理念,现在看来依然超前,且仍会长久沿用下去。

科学探索井项目启动时,恰逢石油工业部启动吐哈盆地新一轮地震勘探工作,地震采集、处理与解释工作由石油地球物理勘探局负责。科学探索井选位研究由研究院负责。根据科学探索井领导小组部署,第一口科学探索井必须在石油地质综合研究基础上完成单井设计，这成为随后各种探井选位与实施的蓝本。石油勘探开发科学研究院与石油地球物理勘探局第三地质调查处密切合作，在烃源岩、沉积储集层、圈闭与油气成藏研究的基础上，编写了吐鲁番坳陷勘探远景评价报告，成为支持台参一井选位的地质基础。

▲ 吐鲁番—哈密盆地吐鲁番坳陷含油气远景初步评价报告

石油地质家们提出：跳出二叠系，到有十几个平方千米的台北凹陷侏罗系构造去找油。为了选好第一口科学探索井的井位，打好这口关键井，根据地震、遥感、野外踏勘等方面的资料，最初编制了台北、胜金台和柯克亚构造分层构造图，并提出三口井位意见。在此基础上，完成了吐鲁番坳陷含油气远景评价的综合研究，包括盆地发展史、含油气有利的二级构造带、生油层及储层的分布、厚度变化、各层沉积分布及岩性变化、生油岩变化，并进行了油藏的分析研究，根据盆地构造史、沉积史、有机碳热演化史以及在时空上的配置关系，估算了资源量，提出了盆地含油气的有利地区，地质家们反复对比研究，组织多次论证，经过一段紧锣密鼓、富有成效的工作，第一口科学探索井位终于日趋明晰。

吐哈油田发现井——台参一井

1986年8月11日，石油勘探开发科学研究院院务会决定，要认真落实石油工业部领导交给研究院打10口科学探索井的指示，立足于为油田服务，搞好地质、施工、技术、经济4个方面的设计，与根本任务找油结合起来，解决石油工业的战略问题。石油工业部要求科学探索井联队集中在石油物探局开会研究，半月之内必须定出井位。会议提出多种方案，经过激烈的讨论，最终从台北、胜北、柯克亚三个构造中选出了第一口科学探索井井位，一致同意把台北构造的井位选为科学探索井井位。台参一井设计井深4800米，玉门有6000米钻机，可以承担钻探任务。石油工业部最后决定：在台北构造上钻台参一井，直指侏罗系、二叠系、三叠系。钻探目的有4个：查明台北构造的含油气情况，确定工业产层层位及产能；查明基底性质，确定基底年龄，提供古生物学的依据，正确划分地层层位，建立地层划分、对比依据，查明各层系的岩性、岩矿组合特征，并系统收集各层系的岩相资料；建立盆地有机地球化学剖面，查明各层系可能油气烃源岩的有机质丰度、类型、热演化程度及其演化史，确定有效油气烃源岩的层位、厚度，评价生油气潜力；为地震解释参数及测井解释提供依据。该井预测完钻层位是二叠系，完钻原则是：侏罗系见到好油层，经钻杆测试日产达30吨以上可以完钻；若钻入二叠系50米，取心证实属地层变质可提前完钻；钻入二叠系正常按设计完钻。

台参一井井位确定后，石油勘探开发科学研究院组织编制了地质、工程、成本预算等设计方案，1987年7月以（87）油勘研财字第064号文件上报石油工业部。石油工业部批准设计后，研究院组织了精兵强将参与钻井施工工作，派出了由研究

回望石油发现井

▲ 台参一井地质设计报告

院副总工程师陈元顿、钻井所所长刘富学、高级工程师周煜辉等专家组成的现场技术支持小组。玉门石油管理局成立由局副总工程师温羡藩、钻井处总工程师杨昌龙等人组成的钻井领导小组，负责现场生产的组织协调，监督指导各项技术措施的落实。井上监督制度后来推广到全国各油田，一直沿用至今。

▲ 台参一井钻井设计报告

▲ 台参一井钻井进度预测设计报告

▲ 台参一井 6052 钻机改造配套项目报告　　▲ 台参一井成本（概）预算报告

玉门石油管理局做了充分的钻前准备，选派具有丰富深井钻井经验的 6052 钻井队承钻台参一井，并充实钻井队骨干。按照石油工业部科学钻井配套标准，由石油勘探开发科学研究院科学探索井项目组申请经费 630 万元对钻井设备进行技术改造；为井队配备必要的物资器材和井下工具，提高钻井队独立作战能力；高标准、严要求，道道工序严格把关。

1987 年 9 月 22 日，经石油勘探开发科学研究院和玉门石油管理局的严格检查验收后，台参一井鸣炮开钻，队长陈继鹏，副队长林敬民，指导员张瑞延，技术负责人杨盛杰、常永铎，黄成刚担任驻井领导小组负责人。钻进过程中全体参战人员克服了多重困难。台参一井所在地远离玉门基地，素有"火洲""风库"

之称，夏季酷暑难当，冬季天寒地冻，四季风沙不断。面对严酷自然环境和孤军作战的压力，钻井队提出"安下心、扎下根、不达目的不死心"的响亮口号。

1988年1月中旬，一场寒流将气温瞬时降到了零下31摄氏度，油水管线被冻结，司钻就把通有蒸汽的胶管缠在身上坚持扶钻。夏日，40摄氏度以上的高温更是司空见惯，迎面吹来的风都是滚烫的，炙热的阳光将钻机烤得人摸一把能烫掉一层皮，钻工们在井场边挖了一个坑，往坑里灌满水，轮流在水里泡一会儿，待身体降温后继续工作。研究院派出的地质人员，长期盯在钻井现场，不计名利和得失，甘于寂寞，不畏艰苦，夜以继日地忙碌于研究之中。

由于地质情况比较复杂，井漏、井塌、缩径、遇阻遇卡时有发生，多次出现井下复杂情况和事故。钻工和技术人员齐心协力，渡过了难关，用汗水、智慧战胜了困难，保证了钻井进尺。钻探过程中，随钻地质、工程研究及方案实施都严格按照设计执行，绝不容许半点虚假和不负责任，确保资料齐全准确。为卡准标准层，在七克台组顶界，即绿色泥岩与黑色泥岩交界处取到了完整的岩心，突破了标准层卡层关，为打开油层取全取准油气层各层各项资料打下了准确的地质预告基础。

台参一井开钻后，钻进深度达到2500~2600米时陆续见到油气显示，这就是吐哈油田侏罗系主要的出油层位七克台、三间房、西山窑油组。由于原设计的目的层是二叠系，需要钻到井深4800米。为了尽快地落实显示层的含油气情况，经研究后决定在井深4460米的西山窑地层提前完井。停钻后，地质人员详细地分析钻探资料，甚至将所有岩屑都翻了数遍，发现尽管储层岩性比较致密，但是仍然有油；西山窑组砂层很厚，比较致密，但也有油，而三间房组最好。经过反复讨论后，决定试油层先选物性相对较差的西山窑组，射开后抽汲产量达到 3 立方米。上返打开油气条件更好的三间房组后，油井自喷，日产达到 14 立方米。在这个层的上方还有另一个层，各方面解释可能含气较多，相对砂层也比较好，因此把上边也打开后，最终得到 24.4 立方米油、4145 立方米气的工业油气流，突破了石油勘探界长期认为侏罗系"不够朋友"的认识，打开煤系油气勘探之门，开创了西北地区侏罗系油气勘探新局面。

台参一井于 1988 年 9 月 2 日提前完钻，完钻井深 4466.88 米，储层岩性复杂，钻达层位为下侏罗统，揭露第四系视厚度 253.3 米，底界深度 260 米，古近—新近系视厚度 1005 米，底界深度 1265 米，白垩系视厚度 734 米，底界深度 1999 米，侏罗系视厚度 2467 米，底界深度 4466.88 米，从侏罗系上统齐古组 2598 米开始取心至下侏罗系八道湾组 4357.8 米，共取心 24 筒，总进尺 117.33 米，实际取心 106.7 米，收获率 90.94%，于七克台组顶部 2807 米开始见到含油气岩心，岩心含油迹及荧光级长度 29.13 米。全井含油气显示井段 2807~4410 米，累计厚度 300 米，发现 24 个含油气显示井段，其中七克台组 2 层厚度 15 米、三间房组 7 层厚度 66 米、西山窑组 5 层厚度 74 米、三工河组 2 层厚度 17 米、八道湾组 8 层厚度 128 米，单层见油气显示最厚 28 米，最薄 2 米。同时在侏罗系 2788 米开始见煤层及煤线至井底，井段长度 1678 米，见煤层 51 层，累计厚度 77 米。为取全取准油气产能资料，采用原钻机进行了试油。在前期测试过程中，坐封井段距离油气显示层较远，实际没有得到显示层的液体，中途测试结果为干层,与良好的油气显示相矛盾。测试队认为不存在油气层,这与录井显示结果十分矛盾,因为录井显示非常好,油砂滴水呈珠,气测异常明显,电阻率高,是很好的油气层反映。为了不让三十年前台北一井的测试情况再次重演,研究院院长翟光明坚决地提出了"精雕细刻,精耕细作,深挖细找,点滴不漏"的原则,重新测试和解释。测井解释有三个难题:一是储层岩性致密、复杂,钻遇储层孔隙度和渗透率低;二是油气藏埋深超过4000米,钻井周期长,井眼环境和钻井液侵入对测井的影响严重;三是井况复杂,测井采集信息量相对较少,难以排除评价油气层的多解性。研究院测井室克服重重困难,创造性地研究出适用于科学探索井油气层的复杂岩性与复杂条件测井解释技术、致密砂岩与碳酸盐岩测井解释技术、异常地层压力与泥岩封隔层测井解释技术、生油层测井解释技术。

台参一井电测资料解释由石油勘探开发科学研究院负责处理,翟光明组织了三路测井解释人员背靠背的进行解释,结果在侏罗系解释出油层10层72米,对其中46.4米油层试油。1988年11月15日,完井试油。

1988年12月28日至1989年1月2日,台参一井在侏罗系三间房2934~2972米井段成功射孔309弹,并用套管提捞掏空液面,下入地层测试器测试;1989年1月4日晚7时50分,从井口溢出的清水中有一点点的油花浮动;晚8时50分,有一根油线渐渐游向水面;1月5日早上5时50分,油线变成一股油流喷出了地面,喜获工业油流,折合日产量51.44立方米。经过提捞、抽排、掏空等艰苦细致的作业,终于找到了油气。喷油那一刻,整个井场都沸腾了,地质家们也抑制不住内心的喜悦,和年轻人一起跳跃欢呼，多少人眼中闪现着激动的泪花。为了避免误差，记录员又重新准确计算产量后，打开电台向中国石油天然气总公司报告这一喜讯。这一天，中国石油天然气总公司年度领导干部会议正在北京举行，得知喜讯的王涛总经理拿起话筒说："我给大家宣布一个振奋人心的好消息，新疆鄯善台北构造上的台参一井，在侏罗系喜获工业油流，日产原油35.4立方米。这是今年我国石油工业的第一枝报春花！"会场上立刻响起雷鸣般的掌声。会议为此专门出了一份简报，标题就是《第一枝报春花》。

▲ 台参一井在侏罗系获高产油流

台参一井钻探工程中，广泛采用新装备、新工艺、新技术，应用了先进的综合录井仪；使用PC-1500计算机优选水力参数，使全井高压喷射钻进达85%以上；采用双级注水泥新工艺；首次采用套管头和多套优质的钻井液体系。这些先进工艺的使用，为今后深井、超深井及复杂结构井的钻探储备了技术。

台参一井完井后，系统收集整理原始资料、完井资料、测井资料、分析化验资料、分层测试总结以及各项资料的评价报告。原始资料10项：钻井地质设计书、观察记录、地质综合记录（日志）、岩屑描述记录、岩心描述记录（照片、素描图、出筒观察、油气水试验以及碳酸盐岩缝洞统计）、地质原始记录（气测、综合录井、钻时、钻井液、荧光、氯离子等）、套管记录、原始录井草图、原始岩心录井草图、实物剖面（岩屑）。完井资料14项：完井总结报告、钻井基本数据表、地质录井及地球物理测井统计表、碎岩屑油气显示综合表、井壁取心记录表及描述记录、钻井取心统计表、地温梯度成果数据表、地层测试数据表、送样统计表、井史资料、综合录井图、岩心综合图、气测录井图、井斜水平投影图。测井资料7项：标准测井图1:500、综合测井图1:200并解释成果表、固井质量检查图、全井声速和密度测井图、地震测井及解释报告（包括V、S、P测井资料）、地温梯度测井图、其他测井（自然伽马、井斜、流体、地层倾角）。分析化验资料8项：岩石矿物（薄片、重矿物、差热）鉴定报告、油层物性分析报告（孔隙度、渗透率、黏度、含油饱和度、含水饱和度、碳酸盐岩含量、泥质含量）、古生物分析报告、生油指标鉴定报告、油气水分析化验报告、扫描电镜、同位素年龄测定、油层敏感性实验分析报告。中途测试资料3项：分层测试报告、压力恢复曲线处理解释报告、高压物性资料（饱和压力、油气比、地下原油黏度、地下原油密度、体积系数、压缩系数）。

台参一井的钻探，获得了系统全面的地质、地球化学、古生物、地震、钻井、测井、中途测试、试油及分析化验等各项科学实验的资料和数据，建立了完整的地质剖面，初步查明了凹陷内中生界的含油气情况，确定了工业产层及产能，明确了台北构造

吐哈油田发现井——台参一井

的含油气规模和储量以及凹陷侏罗系资源量,为吐鲁番凹陷今后的勘探部署提供了可靠的地质依据,达到了科学探索井的钻探目的。

台参一井在侏罗系喜获工业油流,对发现鄯善油田,打开煤系油气勘探之门,开创侏罗系油气勘探新局面,起到了关键作用。自此,揭开了吐鲁番—哈密盆地大规模石油勘探开发的序幕。吐哈油田发现后,由研究院继续与玉门油田、物探局合作,深入开展了吐哈盆地的综合研究,一场轰轰烈烈的吐哈会战开始了,玉门钻探主力也全部来到吐哈盆地,先后钻成一批高产油井,揭开了吐哈石油会战的序幕。在侏罗系发现14个油气田,探明油气地质储量2.3亿吨,建成国内一流水平的鄯善油田、温米油田和国际水平的丘陵油田等7个油气田。

在吐哈油田勘探开发史上,台参一井占据着重要的地位,是吐哈油田的第一口功勋井。台参一井艰难的勘探实践,也给我们留下了一笔宝贵的精神财富。

▲ 吐哈油田发现井——台参一井

石油勘探开发科学研究院科研人员各专业协同作战,探索新领域、新层系,全力以赴提供最新研究成果。钻井作业队伍经受住了严寒及高温等严酷自然条件的考验,同时面对复杂的地质情况,领导干部、技术人员与施工人员上下齐心、团结协作,攻克了一个个难关,最终达到了地质目的。"吐鲁番—哈密盆地科学探索井台参一井综合评价研究"于1990年获中国石油天然气总公司科学进步奖一等奖。台参一井的重大发现,与科学探索井工作者从地质论证到试油、再到钻后评价始终如一的严谨求实科学态度是分不开的,台参一井凝聚了科技人员和全体一线工人的智慧和汗水,是吐哈油田发展史上重要的里程碑。

台参一井喷油,标志着吐哈盆地在侏罗系油气勘探取得重大突破,改变了我国西部地区侏罗系找油无所作为的局面,丰富了我国陆相生油的理论,拓宽了找油领域。过去被世界石油打入"冷宫"的侏罗系,从此身价大增,盆地大规模勘探开发也自此拉开序幕。1991年2月25日,吐哈石油勘探开发会战指挥部及党的工作委员会成立。在中国石油天然气总公司的统一部署下,以玉门石油管理局为主体,华北石油局、中原石油局等近30个石油企事业单位组成的专业化施工队伍汇聚吐哈盆地,迅速掀起一场"两新两高"石油会战,成为石油工业加快实施"稳定东部,发展西部"战略的主战场之一。

1992年12月,台参一井停喷,转为机械采油。

1998年,台参一井因含水高而关井停产。

1996年12月11日,台参一井被列为吐鲁番地区爱国主义教育基地。

2000年3月,台参一井复产,最高原油产量达到16吨。

吐哈油田发现井——台参一井

▲ 吐鲁番地区爱国主义教育基地

2006年,台参一井被中国石油天然气集团公司命名为中国石油企业精神教育基地。

▲ 台参一井被列为企业精神教育基地

回望石油发现井

在中国海拔最低盆地矗立起的台参一井,已成为石油人的精神高地。来自五湖四海的参战将士将大庆精神、铁人精神融入会战的熔炉,淬炼出会战四种精神,这就是高效率快节奏的只争朝夕精神、创一流上水平的开拓创新精神、吃大苦耐大劳的艰苦奋斗精神、识大体顾大局的无私奉献精神。

▲ 吐哈油田发现井纪念碑

今天的台参1井旁边,建起了荣誉展室,井场整齐平整,鲜红的抽油机伫立在井场,井场边上竖起了枣红色的纪念碑。

吐哈油田发现井纪念碑碑文如下:

正面:

　　　吐哈油田第一枝报春花　台参一井

背面:

　　　吐哈油田发现井——台参一井

1989年1月5日经玉门石油管理局6052钻井队468天奋战,吐哈盆地第一口科学探索井——台参一井喜获工业油流,日产油

51.4吨，揭开了吐哈油田大发现、大会战的帷幕，石油人"三上吐哈"终获突破。时任中国石油天然气总公司总经理王涛赞誉为1989年中国石油工业第一枝报春花！

"八五"期间，吐哈盆地先后在侏罗系发现14个油气田，探明油气地质储量23亿吨，建成国内一流水平的鄯善、温米油田和国际水平的丘陵油田等7个油气田。

30年风霜雪雨，台参一井依然生命常青。在吐哈油田的发展史上写下了光辉的一页。吐鲁番市爱国主义教育基地碑文如下：

台参一井是吐哈盆地鄯善弧形构造带上的科学探索井。1987年9月22日由玉门6052钻井队承钻，次年9月2日完钻，井深4466.88米，1989年1月5日喜获工业油流，由此发现了鄯善油田。

台参一井的钻探成功，解开了吐鲁番-哈密盆地大规模石油勘探开发的序幕，被中国石油天然气总公司总经理王涛誉为1989年中国石油工业第一枝报春花。

▲ 台参一井纪念碑碑文

参 考 文 献

[1] 屈宝坤. 中国古代著名科学典籍 [M]. 北京：中国国际广播出版社，2009.

[2] 安作相，安力. 梦溪探秘——沈括生平钩沉 [M]. 北京：石油工业出版社，2011.

[3] 梁华，刘金文. 中国石油通史 [M]. 北京：中国石化出版社，2003.

[4] 吴华元，李玉屏. 石油学史研究 [M]. 北京：石油工业出版社，1993.

[5] 王仰之. 中国石油概说 [M]. 东营：石油大学出版社，1989.

[6] NORMAN W. 石油 [M]. 曾彦一，译. 北京：北京出版社，1980.

[7] 文思淼. 李约瑟——揭开中国神秘面纱的人 [M]. 姜诚，蔡庆慧，等译. 上海：科学技术文献出版社，2011.

[8] 《百年石油》编写组. 百年石油 [M]. 北京：石油工业出版社，2009.

[9] 《当代中国》丛书编辑部. 当代中国的石油工业 [M]. 北京：中国社会科学出版社，1988.

[10] 《当代中国石油工业》编委会. 当代中国石油工业（1986—2005）[M]. 北京：当代中国出版社，2008.

[11] 《中国石油工业》编辑部. 中国石油工业（1949—1989）[M]. 北京：石油工业出版社，1989.

[12] 程希荣. 古今石油——关于石油工业史、科技史的札记 [M]. 北京：石油工业出版社，1999.

[13] 邱中建，龚再升. 中国油气勘探：第1卷 总论 [M]. 北京：石油工业出版社，地质出版社，1999.

［14］傅成玉. 当代中国海洋石油工业［M］. 北京：当代中国出版社，2008.

［15］张文昭. 当代中国油气勘探重大发现［M］. 北京：石油工业出版社，1999.

［16］付延顺，李兆庆. 中国矿藏大发现［M］. 济南：山东画报出版社，2011.

［17］康世恩. 康世恩论中国石油工业［M］. 北京：石油工业出版社，1995.

［18］《中国石油天然气的勘探与发现》编辑部. 中国石油天然气的勘探与发现［M］. 北京：地质出版社，1992.

［19］张叔岩. 20世纪上半叶的中国石油工业［M］. 北京：石油工业出版社，2001.

［20］申力生. 中国石油工业发展史：第1卷 中国古代的石油和天然气［M］. 北京：石油工业出版社，1980.

［21］申力生主编. 中国石油工业发展史：第2卷 近代石油工业［M］. 北京：石油工业出版社，1988.

［22］王仰之. 中国石油编年史［M］. 北京：石油工业出版社，1996.

［23］张安昌，张爱东. 中国油气田发现井［M］. 北京：石油工业出版社，1999.

［24］《中国石油钻井》委员会. 中国石油钻井：中国石油卷［M］. 北京：石油工业出版社，2007.

［25］《中国石油钻井》委员会. 中国石油钻井：中国石化·中国海油卷［M］. 北京：石油工业出版社，2007.

［26］《吉林石油钻井》编委会. 吉林石油钻井［M］. 北京：石油工业出版社，2015.

［27］《世纪石油之光》编委会. 世纪石油之光［M］. 北京：新华出版社，1998.

［28］中国地质学会. 中国地质学学科史［M］. 北京：中国科学技术出版社，2010.

[29] 叶良辅, 章鸿钊. 中国石油学史二种 [M]. 上海: 上海书店出版社, 2011.

[30] 王鸿祯. 中外地质科学交流史 [M]. 北京: 石油工业出版社, 1992.

[31] 王鸿祯. 中国地质科学五十年 [M]. 北京: 中国地质大学出版社, 1999.

[32] 刘广志. 中国钻探科学技术史 [M]. 北京: 地质出版社, 1998.

[33] 魏国齐, 钱凯, 李剑. 中国天然气地质学进展编年研究 [M]. 北京: 石油工业出版社, 2008.

[34]《中国石油天然气的勘查与发现》编辑部. 中国石油天然气的勘查与发现 [M]. 北京: 地质出版社, 1992.

[35] 郭小哲. 世界海洋石油发现史 [M]. 北京: 石油工业出版社, 2012.

[36] 张叔岩. 20世纪上半叶的中国石油工业 [M]. 北京: 石油工业出版社, 2001.

[37] 石宝珩. 石油史研究辑录 [M]. 北京: 地质出版社, 2003.

[38]《地质矿产部及新星石油公司物探五十年回顾》部. 地质矿产部及新星石油公司物探五十年回顾 [M]. 北京: 地质出版社, 2000.

[39] 张文昭. 中国大油田勘探实践 [M]. 北京: 石油工业出版社, 2002.

[40] 张文昭. 中国陆相大油田 [M]. 北京: 石油工业出版社, 1997.

[41] 王尚文. 中国石油地质学 [M]. 北京: 石油工业出版社, 1983.

[42] 翟光明. 中国石油地质志: 第1卷 总论 [M]. 北京: 石油工业出版社, 1996.

[43]《中国近海油气田开发志》委员会. 中国近海油气田开发志 [M]. 北京: 石油工业出版社, 2012.

[44]《中国油气田开发志》委员会. 中国油气田开发志: 综合卷 [M]. 北京: 石油工业出版社, 2011.

[45]《中国油气田开发志》委员会. 中国油气田开发志: 玉门油气区油气田卷 [M]. 北京: 石油工业出版社, 2011.

［46］《中国油气田开发志》委员会. 中国油气田开发志：卷11 玉门油气区卷［M］. 北京：石油工业出版社，2011.

［47］傅诚德. 中国石油科学技术五十年［M］. 北京：石油工业出版社，2004.

［48］《中国石油石化科技创新概览》编委会. 中国石油石化科技创新概览［M］. 北京：中国科学技术出版社，2009.

［49］《中国油气田开发若干问题的回顾与思考》编写组. 中国油气田开发若干问题的回顾与思考［M］. 北京：石油工业出版社，2003.

［50］《中国石油工业经济若干问题的回顾与思考》委员会. 中国石油工业经济若干问题的回顾与思考［M］. 北京：石油工业出版社，2010.

［51］张位平. 中国海洋石油发展回顾与思考（1957—2009）［M］. 北京：石油工业出版社，2010.

［52］《大港油田开发若干问题的回顾与思考》编写组. 大港油田开发若干问题的回顾与思考［M］. 北京：石油工业出版社，2002.

［53］《康世恩回忆录》编写组.《康世恩回忆录》［M］. 北京：当代中国出版社，1998.

［54］中国石油报社编. 回忆康世恩［M］. 北京：石油工业出版社，1995.

［55］《康世恩传》编写组. 康世恩传［M］. 北京：当代中国出版社，1998.

［56］大庆石油管理局党委宣传部编. 康世恩与大庆油田［M］. 黑龙江：黑龙江人民出版社，1995.

［57］赵天池. 大国石油梦［M］. 天津：天津人民出版社，2013.

［58］《孙敬文传》编写组. 孙敬文传［M］. 北京：石油工业出版社，1999.

［59］《宋振明纪念文集》编委会. 宋振明纪念文集［M］. 北京：石油工业出版社，2009.

［60］何建明. 部长与国家［M］. 北京：新世界出版社，2005.

［61］余秋里. 余秋里回忆录［M］. 北京：解放军出版社，1996.

［62］张江一，施维森，樊廉欣，等. 孙健初传［M］. 北京：石油工业出版

社，1989.

[63] 孙越崎科技教育基金管委会组织编. 孙越崎传 [M]. 北京：石油工业出版社，1994.

[64] 张叔岩. 翁文灏的石油业绩 [M]. 北京：石油工业出版社，2006.

[65] 王志明. 翁家石油传记 [M]. 北京：石油工业出版社，2014.

[66] 张立生. 中国石油的丰碑——纪念谢家荣教授诞辰110周年 [M]. 广州：中山大学出版社，2011.

[67]《翁文波学术论文选集》编委会. 翁文波学术论文选集 [M]. 北京：石油工业出版社，1994.

[68] 张九辰. 地质学与民国社会：1916—1950 [M]. 山东济南：山东教育出版社，2005.

[69] 吴凤鸣. 吴凤鸣文集：第二集 [M]. 北京：石油工业出版社，2011.

[70] 陈群，张祥光，段万倜，等. 李四光传 [M]. 北京：人民出版社，1996.

[71] 赵文津. 李四光与中国石油大发现 [M]. 北京：地震出版社，2006.

[72] 查全衡. 茫茫大地找油漫记 [M]. 北京：石油工业出版社，2008.

[73] 犁痕. 石油的光芒 [M]. 北京：石油工业出版社，2009.

[74] 李立诚. 疆之恋：一个石油勘探者的大漠情怀 [M]. 北京：石油工业出版社，2007.

[75] 王涛. 征战死亡之海 [M]. 北京：中共党史出版社，2013.

[76] 李国玉. 漫步人生 [M]. 香港：东方文化出版社，2014.

[77] 胡朝元. 山泉 [M]. 北京：石油工业出版社，2008.

[78] 马文·韦勒. 戈壁驼队——中美地质学家西北找油纪实（1937—1938）[M]. 哈莉特·韦勒，编，赵辛而，译. 北京：石油工业出版社，1992.

[79] 代海. 漠地传奇：中国石油人在西部荒原的创业纪实（1949—2000年）[M]. 北京：石油工业出版社，2011.

［80］郭保林. 塔克拉玛干：红黄黑［M］. 北京：北京出版社，1998.

［81］李光星. 马帮西行记［M］. 北京：石油工业出版社，2010.

［82］路小路. 石油情缘［M］. 北京：中国文联出版社，2007.

［83］中国工程院编. 天命——讲述院士的故事给你听［M］. 北京：人民交通出版社，2013.

［84］中国科学技术协会编. 中国科学技术专家传略·工程技术编·能源卷·2［M］. 北京：中国科学技术出版社，2005.

［85］谭延栋. 油气田发现井的测井解释史例［J］. 勘探家，1996. 8（1）：48-54.

［86］《艰苦创业》编委会. 中国石油工业艰难创业：第一集［M］. 北京：石油工业出版社，1990.

［87］《艰难创业》编委会. 中国石油工业艰难创业：第三集［M］. 北京：石油工业出版社，1994.

［88］《石油老照片》编委会. 石油老照片：一［M］. 北京：石油工业出版社，2010.

［89］《石油老照片》编委会. 石油老照片：二［M］. 北京：石油工业出版社，2012.

［90］《石油老照片》编委会. 石油老照片：三［M］. 北京：石油工业出版社，2013.

［91］《石油老照片》编委会. 石油老照片：四［M］. 北京：石油工业出版社，2013.

［92］《石油老照片》编委会. 石油老照片：长庆专辑［M］. 北京：石油工业出版社，2012.

［93］《石油师人》大庆油田编写组. 石油师人——在大庆油田纪实［M］. 北京：石油工业出版社，1997.

［94］《石油师人》海洋石油编写组. 石油师人——在海洋石油战线纪实［M］. 北京：石油工业出版社，1997.

[95]《石油师人》青海油田编写组. 石油师人——在青海油田纪实 [M]. 北京：石油工业出版社，1998.

[96]《石油师人》大港油田编写组. 石油师人——在大港油田纪实 [M]. 北京：石油工业出版社，1999.

[97]《石油师人》新疆油田编写组. 石油师人——在新疆油田纪实 [M]. 北京：石油工业出版社，1998.

[98]《石油师人》江汉油田编写组. 石油师人——在江汉油田纪实 [M]. 北京：石油工业出版社，1998.

[99]《石油师人》中原油田编写组. 石油师人——在中原油田纪实 [M]. 北京：石油工业出版社，1998.

[100]《石油师人》华北油田编写组. 石油师人——在华北油田纪实 [M]. 北京：石油工业出版社，1998.

[101]《石油师人》四川油气田油田编写组. 石油师人——在四川油气田纪实 [M]. 北京：石油工业出版社，1998.

[102]《石油师人》玉门油田编写组. 石油师人——在玉门油田纪实 [M]. 北京：石油工业出版社，1999.

[103]《石油师人》长庆油田编写组. 石油师人——在长庆油田纪实 [M]. 北京：石油工业出版社，2000.

[104]《岁月流金》编委会. 岁月流金：记石油科技专家（一、二、三）[M]. 北京：石油工业出版社，1998.

[105] 孙守忠. 玉门史话 [M]. 甘肃：甘肃文化出版社，2006.

[106]《玉门油田大事记》编委会. 玉门油田大事记（1938—1998）[M]. 甘肃：甘肃人民出版社，1999.

[107]《玉门油田志》委员会. 玉门油田志（1939—1986）[M]. 西安：西北大学出版社，1993.

[108]《石油摇篮》编委会. 石油摇篮 [M]. 北京：石油工业出版社，2009.

[109]《老君庙油田开发》编委会. 老君庙油田开发[M]. 北京：石油工业出版社，1999.

[110]《大庆简史》委员会. 大庆简史[M]. 北京：当代中国出版社，1994.

[111] 大庆石油管理局党委宣传部编. 辉煌的历程——大庆油田开发建设三十五周年回顾[M]. 北京：石油工业出版社，1995.

[112] 王建新，计秉玉，宋吉水，等. 大庆油田开发历程：1960—2000年[M]. 北京：石油工业出版社，2003.

[113] 大庆市政协文史和学习委员会编. 创业年代[M]. 哈尔滨：哈尔滨出版社，1998.

[114] 大庆市政协文史资料研究委员会编. 大庆油田的发现：大庆文史资料第一辑[M]. 哈尔滨：黑龙江人民出版社，1987.

[115] 李懂章. 大庆油田大事记[M]. 哈尔滨：黑龙江人民出版社，2006.

[116] 大庆油田有限责任公司《大脚印》编纂委员会. 大脚印——大庆油田勘探开发历程揭秘（上部）[M]. 北京：石油工业出版社，2014.

[117] 李惠新，李国昌. 大庆创业之光[M]. 哈尔滨：北方文艺出版社，1999.

[118] 李国昌. 老会战[M]. 北京：石油工业出版社，2009.

[119] 冀年勇. 讲那创业年代的故事[M]. 北京：石油工业出版社，2011.

[120] 冀年勇. 铁骨柔肠王进喜[M]. 北京：石油工业出版社，2011.

[121] 宋连生. 工业学大庆始末[M]. 北京：九州出版社，2011.

[122] 吴继宽. 峥嵘岁月——纪念大庆油田发现建设五十周年[M]. 北京：人民出版社，2009.

[123] 中国石油长庆油田编. 中国石油口述史：长庆油田卷[M]. 北京：石油工业出版社，2012.

[124]《胜利油田大事记》委员会. 胜利油田大事记[M]. 东营：石油大学出版社，2003.

[125] 杨殿寿,左宝尊,张素霞.可爱的辽河油田[M].沈阳：沈阳出版社,1991.

[126]《辽河油田四十年》编写组.辽河油田四十年[M].北京：石油工业出版社,2010.

[127] 辽河首创潜山深层内幕油气成藏新模式[N].石油商报,2012-10-31.

[128]《华北油田30年》编委会.华北油田30年（1976—2006）[M].北京：石油工业出版社,2006.

[129] 青海石油管理局党委宣传部编.人们不会忘记[M].酒泉：青海石油管理局,1995.

[130] 青海石油管理局党委宣传部编.创业四十年[M].酒泉：青海石油管理局,1995.

[131]《大港油田志》委员会.大港油田志（1964-1993）[M].北京：石油工业出版社,1997.

[132] 汪仕忠,金朝熙.江汉油田勘探志（1958—2000）[M].北京：石油工业出版社,2004.

[133]《海油故事·启示》编委会.海油故事：启示[M].北京：石油工业出版社,2014.

[134]《中国石油集团地球物理勘探局志》委员会.石油物探局志（1961—1997）[M].北京：石油工业出版社,2002.

[135] 中国石油勘探开发研究院编.中国石油勘探开发研究院五十年发展史：1958—2008[M].北京：石油工业出版社,2008.

[136] 中国石油勘探开发研究院编.中国石油勘探开发研究院六十年发展史：1958—2018[M].北京：石油工业出版社,2018.

[137] 王才良,周珊.找油的故事[M].北京：石油工业出版社,2006.

[138] 中国石化思想政治工作部（企业文化部）编.中国石油化工发展历程简明读本（试行本）[M].北京：中国石化出版社,2013.

[139] 辜忠涛编. 我为祖国献石油——石油知识与石油文化[M]. 北京：石油工业出版社，2006.

[140] 王才良，周珊. 石油风云故事[M]. 北京：石油工业出版社，2006.

[141] 迈克尔·埃克诺米迪斯，罗纳德·奥利格尼. 石油的色彩——世界最大产业的历史、金钱和政治[M]. 刘振武，刁顺，张镇，译. 北京：石油工业出版社，2002.

[142] 胡文瑞. 重新发现石油：石油将缓慢地失去青睐度[M]. 北京：石油工业出版社，2018.

[143] 张明功，秦云松. 石油纵横[M]. 北京：石油工业出版社，2006.

[144] 丹尼尔·耶金. 能源重塑世界[M]. 朱玉犇，阎志敏，译. 北京：石油工业出版社，2012.

[145] 许晖. 中国石油足可开采一个世纪——访中国工程院院士、中国石油天然气总公司咨询中心勘探部主任翟光明[N]. 中国经济时报，1999-5-27（844）.

[146] 安永强. 翟光明：中国石油工业的见证者[N]. 人物周报，2002-1-28（55）.

[147] 子谨."四代领导人与石油的故事"之二大转移：横空出世的大庆油田[N]. 石油商报，2007-10-12.

[148] 张蕾. 翟光明：我为祖国"找"石油[N]. 光明日报，2011-9-14.

[149] 辽河首创潜山深层内幕油气成藏新模式[N]. 石油商报，2012-10-31.

[150] 赵凡，李晓明，郑雪蕾. 中国石油勘探的壮举——冀东南堡油田发现记[N]. 地质勘查导报，2007-5-26（1）.

[151] 谓知. 大庆油田发现井——松基三井[N]. 中国文物报，2011-1-28（8）.

[152] 王喜春，赵士振. 荒原丰碑——写在胜利油田发现50周年产油10亿吨之际[N]. 中国石化报，2011-6-10（5）.

［153］赵凡，李晓明，郑雪蕾. 冀东南堡油田发现记［N］. 中国国土资源报，2007-5-25（1）.

［154］王晓晖，程强. 坚持，就是胜利——胜利油田发现50周年产油10亿吨透视［N］. 中国石油报，2011-6-9（2）.

［155］徐锦庚，马跃峰. 胜利，一座永恒的丰碑——写在中国石化胜利油田发现50周年产油10亿吨之际［N］. 人民日报，2011-6-9（14）.

［156］薛杰，李明泰，徐晓峰，等. 河南油田奋力开创跨越发展新局面［N］. 中国石化报，2012-4-26（6-7）.

［157］马镇. 中华第一口油井纪事［N］. 中国石油报，2014-2-28（5）.

［158］阳志华. 石油地名，我们共同的记忆［N］. 中国石油报，2013-4-10（4）.

［159］阎春凌. 镌刻在大地的青春印记［N］. 中国石油报，2013-5-22（4）.

［160］张三民. 难忘柴达木［N］. 中国石油报，2012-7-26（4）.

［161］刘宝林. 从"黑油山"到世界石油城［N］. 石油商报，2011-3-9（1-4，13）.

［162］陈金国. 牢记责任，不辱使命——西南油气田公司巡礼［N］. 中国石油报，2012-7-12（8）.

［163］李延平. 吉林油田扶27井［N］. 中国石油报，2012-8-23（5）.

［164］王玉华. 老一井：中国石油梦由此启航［N］. 中国石油报，2014-4-9（4）.

［165］宋鹏，桑圣江. 克一井：新中国石油工业的曙光.［N］. 中国石油报，2014-4-23（4）.

［166］吉海坚. 地中四井：让冷湖"热"起来［N］. 中国石油报，2014-5-7（4）.

［167］王志田，盛迪. 松基三井：挺起民族脊梁［N］. 中国石油报，2014-5-14（4）.

[168] 李延平. 扶27井：整装浅层的传奇［N］. 中国石油报，2014-5-28（4）.

[169] 汪亚萍. 港5井：托起渤海湾的希望［N］. 中国石油报，2014-6-25（4）.

[170] 张晗，赵帅. 辽一井：创业火炬从这里点燃［N］. 中国石油报，2014-7-9（4）.

[171] 杨文礼. 庆一井：撩开陇东"油仓"的面纱［N］. 中国石油报，2014-7-23（4）.

[172] 岳双才，王吉超. 任四井：解谜古潜山［N］. 中国石油报，2014-8-6（4）.

[173] 周泽山，彭烟霏，陈启兵. 相18井，解放川东石炭系［N］. 中国石油报，2014-8-27（4）.

[174] 朱米福. 南27井："海陆并进"展前景［N］. 中国石油报，2014-9-17（4）.

[175] 高照. 轮南2井：破浪"死亡之海"［N］. 中国石油报，2014-9-24（4）.

[176] 王多立，安凤霞. 台参一井：侏罗系绽放的报春花［N］. 中国石油报，2014-10-8（4）.

[177] 张绍波. 60年的石油情结——再记中国工程院院士、著名石油地质勘探专家翟光明［J］. 中国石油企业，2012（3）：102-105.

[178] 赵云峰."三新"促"三新"——翟光明院士畅谈科探井［J］. 石油与装备，2011（3）：21-22.

[179] 王晓达，张树清."辽一井"感怀［J］. 石油政工研究，2011（01）：75-76.

[180] 李玉真."生命禁区"的壮歌——走进"地中四井"［J］. 石油政工研究，2009（01）：68-69.

[181] 李玉真. 地中四井柴达木石油工业的里程碑——纪念地中四井诞生

50 周年［J］. 柴达木开发研究，2008（5）：11-12.

［182］孙宝范. 大庆石油会战是怎样打响的？——从油田发现和会战组织看科学决策的重要［J］. 大庆社会科学，2007（1）：136-141.

［183］陶文忠. 大庆油田发现井——松基三井［J］. 石油政工研究，2009（05）：116-117.

［184］张立生. 大庆油田发现前的陆相生油理论与谢家荣的贡献［C］//地质学史论丛（5），2009：412-431.

［185］张文昭. 当代中国油气勘探的重大突破——纪念中华人民共和国建国 50 周年及大庆油田发现 40 周年［J］. 中国矿业，1999，8（1）：5-10.

［186］岳双才，王吉超. 功勋卓著任四井［J］. 石油政工研究，2005（6）：55-56.

［187］穆广田，李长来，王华晶. 吉林油田第一口油井——扶 27 井［J］. 石油政工研究，2006（05）：70-71.

［188］李知羽. 克拉玛依（黑油山）油田发现的意义［J］. 地质知识，1956（9）：11-12.

［189］赵文津. 李四光与中国石油大发现［J］. 中国工程科学，2005，7（2）：26-34.

［190］王毓俊. 南堡油田发现的启示［J］. 石油科技论坛，2007（4）：22-23.

［191］张立生. 松辽平原石油普查项目究竟是怎样提出的——纪念大庆油田发现 50 周年［C］//中国地质学会地质学史专业委员会第 21 届学术年会论文汇编，2009：21-38.

［192］朱米福，王萍. 岁月如歌——走进冀东油田南 27 井［J］. 石油政工研究，2008（5）：69-70.

［193］赵前进，丁红，何媛媛，等. 台参 1 井：吐哈油田的发现井［J］. 石油与装备，2011（38）：19-20.

[194] 张立生. 谢家荣与中国石油大发现[J]. 华东油气勘查, 2006, 24(2): 47-59.

[195] 熊坤静. 新疆克拉玛依油田发现始末[J]. 百年潮, 2009 (5): 49-53.

[196] 谭廷栋. 油气田发现井的测井解释史例[J]. 勘探家, 1996, 1(1): 48-54.

[197] 关玉明. 玉门油田的发现井——老一井[J]. 石油政工研究, 2006 (1): 69.

[198] 石宝珩, 徐旺, 张清. 中国石油史实九则[J]. 石油勘探与开发, 2001, 28 (6): 104-110.

[199] 佚名. 重要勘探发现井[J]. 中国石油, 1999 (9): 14-15.

[200] 佚名. 铸就共和国工业丰碑——大庆油田发现[J]. 发明与创新(综合版), 2009 (10): 15.

[201] 刘柏汝, 朱梅. "此为平津战役也"——记华北石油勘探会战[J]. 中国石油画报, 2010 (4): 70-71.

[202] 张翠萍, 柳忠宏, 杨淼. 追寻长庆的"根"——长庆油田第二采油厂厂史展览馆游记[J]. 石油政工研究, 2012 (01): 72-74.

[203] 吕殿杰, 杨勇, 蒋俐. 石油地名志: 塔里木篇[J]. 中国石油画报, 2012 (3): 66-71.

[204] 刘柏汝. 江汉会战——特殊时期的特殊会战[J]. 中国石油画报, 2010 (5): 70-71.

[205] 耿燕丽. 苏北决胜大会战——我国第一个"水乡油田"诞生记[J]. 石油经理人, 2012 (9): 70-71.

[206] 何蓓, 高睿. 大庆从这里走来[J]. 中国石油画报, 2011 (9): 9-15.

[207] 海平. 油砂山传奇[J]. 石油政工研究, 2013 (1): 80-81.

[208] 耿燕丽. 油染"沥青丘"——克拉玛依油田发现井"克一号井"

[J]. 石油经理人, 2013 (1): 70-71.

[209] 佚名. 精神的力量 [J]. 中国石油画报, 2016 (7): 14-33.

[210] 李舟. 克拉玛依——新中国成立后第一个大油田 [J]. 中国石油画报, 2016 (11): 16-21.

[211] 刘宪广, 陈位华, 何蓓蕾. 石油地名志：克拉玛依篇 [J]. 中国石油画报, 2011 (8): 52-59.

[212] 刘柏汝, 宋永根. 石油地质家的考场——纪念江苏石油会战 [J]. 中国石油画报, 2010 (11): 68-69.

[213] 刘柏汝. 悄然崛起的吉林油田 [J]. 中国石油画报, 2010 (8): 68-69.

[214] 凌须斌, 何蓓蕾. 石油地名志：柴达木篇 [J]. 中国石油画报, 2011 (7): 40-45.

[215] 刘柏汝. 激情燃烧辽河两岸 [J]. 中国石油画报, 2010 (7): 68-69.

[216] 刘柏汝. 认识与勘探飞跃——古潜山的重大突破 [J]. 中国石油画报, 2010 (10): 68-69.

后　　记

　　我不知道如何写后记，索性就把我写这本书的所见所闻、所思所想写下来吧。

　　记得是 2011 年春天，一次油气风险勘探的学术讲座，报告人讲述了石油勘探的巨大风险、巨大投入和艰辛历程，心想早期的石油勘探过程中应当有许多鲜为人知的故事，这引起了我的兴趣。在相当长的一段时间里，我曾想过研究石油勘探发现的历史一定会很有意思、很有意义，那些生动的人、那些鲜活的事、那些幽美的景肯定是一部长长的历史画卷。

　　石油这条岁月大河延绵流长，灌满时间的沙漏，随着石油时代的音符慢慢流淌，一座油砂山，一座沥青丘，一条石油河，一支沙漠驼队，一支青年钻井队，一瓶油样，一块岩心，一张地质图，一场石油大会战、一群石油人、一座石油城……永远传送着神奇动听的故事，在石油勘探开发的历史长河里熠熠生辉。马达轰鸣、钻塔高耸，操着不同口音的找油人践行着"我为祖国献石油"的铮铮誓言，诠释着伟大的石油精神。

说干就干，开始收集资料，阅读石油方面的史料和书籍，并穷尽一切办法，克服多种困难，创造一切可能的条件和机会，到沙漠戈壁去看一看，到油气盆地去走一走，到每一口石油发现井的现场，路远、路险全然不怕，跋山涉水，徒步戈壁，冰天雪地，春夏秋冬，都不是问题，感受油田的偏远荒凉，体会石油钻探的艰辛，感悟历史的沧海桑田和石油人的伟大、石油精神的崇高。记得那年去青海冷湖地中四井，当时车子上不去，路又远，我曾经对同行的人说：青海地中四井我一定要去看，就是爬我也要到地中四井井场去感悟、去体验、去探访。

2011年，我开启了走访石油发现井的旅程。2011年5月8日，借在河南南阳参加万仁溥老司长组织召开的《中国采油工程》审稿会的机会，我在油田同志的带领下参观了河南油田发现井——南五井。可以说，探访南五井是我追寻石油发现井的处女行。当时正值夏季，麦浪飘香，远远地看见南五井纪念碑在麦田中央，石碑高高耸立，沿着田间小路到跟前仔细观看，拍下了南五井的英姿。这一走就再也没有停下来。7月20日，去新疆鄯善参观了台参一井，这是吐哈油田的发现井，在展厅聆听了讲解员的介绍，在井场拍照片，记录碑文。11月10日，去黑龙江大庆参观了松基三井，这是大庆油田的发现井，在展厅观看了松基三井电视纪录片，给我留下了深刻印象。11月28日，去河北唐山参观了南二十七井，这是冀东油田发现井。12月28日，去河北任丘参观了任四井，这是华北油田的发现井。这一年，马不停蹄地一共参观了5口井，有体会也有感想，收获颇丰，也增强了我的信心。

2012年5月31日，去山东东营参观了胜利油田发现井华八井。2012年8月14日,去青海冷湖参观了地中四井,这是青海油田发现井。期间,还去冷湖四号公墓凭吊为柴达木石油工业献出生命的先烈,记得公墓大门两侧写着"志在戈壁寻宝业绩与祁连同在,献身石油事业英名与昆仑并存"的颂联,公墓内12米高的纪念碑正面写着"为发现柴达木石油工业而光荣牺牲的同志永垂不朽"几个刚劲大字,整个公墓庄重、肃穆,令人心生敬意。2013年8月11日,去新疆克拉玛依参观了克一井,这是克拉玛依油田发现井,我还专程拜访了克一井钻井技师陆铭宝,聆听陆老先生讲述克一井当年钻探的故事;第二天,又去了黑油山和凤城油区参观。2014年7月11日,去甘肃参观了玉门油田的发现井——老一井,以及中国石油唯一一座上市庙宇资产——老君庙。老君庙由清代淘金人修建,1986年石油工业部拨专款修缮,正殿供奉着太上老君,两侧厢房里布置成展厅,有大量珍贵历史老照片展出。2015年4月22日,去河南濮阳参观了中原油田发现井——濮参一井。2015年5月29日,去甘肃庆阳参观了长庆油田发现井——庆一井。2016年8月12日,去吉林松原参观了扶二十七井,这是吉林油田发现井,从井场回来直奔油田档案馆,查阅了钻井地质档案。2017年9月22日,去辽宁盘锦参观了辽河油田第一井——辽一井,记得那天是瓢泼大雨,当时辽河勘探开发研究院党委书记于鸿椿说今天别去了,我坚持要去,对于书记说:机会难得,就是"下刀子"也要去井场。参观回来浇了个落汤鸡,尽管浑身衣服湿了个透,可心里还是美滋滋的,因为我终于见到了辽一井的真容。2018年8月10日,去新疆轮南参观轮二井,这是塔里木油田功勋井。2019年6月21日,再次赴新疆克拉玛依与中国石油勘探开发研究院青年团干部共同参观克一井红色旅游经典景区和黑油山，见识了在克一井原址上新建成的"大油泡"环境艺术不锈钢主题雕塑，并为青年朋友讲述了克一井的历史。

原计划2018年下半年赴台湾参观苗栗油矿，寻访苗一井，种种原因未能成行，真是有点遗憾。另外，对南海、东海、黄海等区域以及近年新地区、新领域、新层系油气发现的情况了解不多，未能将有关发现井的情况收入本书，以后我还要找机会争取去见识每一口石油发现井，书写每一口石油发现井。

2014年初，我提议在中国石油报开辟专栏，讲述石油发现井的故事，与中国石油报社阳志华、王亮亮在一起商议后，他们认为是一个不错的策划选题。这一提议得到了中国石油报社刘维石总编辑的赞同，也得到油田宣传部门的支持，我们成立了策划小组，与油田党委宣传部和石油报记者站密切联系，于2014年4月19日在中国石油报第四版石油地理栏目推出了重访发现井第一期——老一井：中国石油梦由此起航。之后，陆续在石油报刊登克一井、地中四井、松基三井、扶二十七井、港五井、辽一井、庆一井、任四井、相十八井、南二十七井、轮南二井、台参一井。至2014年10月8日，中国石油所属油气田13口井全部刊登完毕，在业界产生巨大反响。中国石油报报道中迸发的火花，更加激发了我的热情，增强了干劲，也为我提供了有关发现井的很多线索，助力我进行更加细致深入的调查。

2013年至2015年期间，我承担了中国科协《翟光明院士学术成长资料采集工程》项目，这创造了很多机会，让我有机会了解中国石油勘探找油找气的发展之路，系统地回顾我国石油工业的起步、油气田的重大发现和辉煌的发展历程。期间接触到很多

后记

历史资料，恢宏大气的石油勘探大会战、扣人心弦的喷油画卷、气龙腾空而起的场面让我很激动，更让我感动。渐渐地我被石油工业发展的重大事件所吸引，慢慢地钻了进去，开始细探其究竟，循着石油工业历史的发展脉络，油田勘探发现一幕幕浮现在我的脑海中，一个个重要节点连成一体，立体的、历史的、真实的石油创业史感动了我，也激发了我创作的热情和动力，面对各种各样的困难也不再惧怕。

我还有意搜集有关发现井的各类资料，甚至有点痴迷上瘾。认真研读科学技术史研究方法方面的书籍和大量的石油史书，还包括石油富集地区的人文历史书籍和文学书籍，努力探寻历史真相，力求对历史原生态地进行记录，真实反映历史事件，坚持辩证唯物主义和历史唯物主义的研究史观，这既是对找油人的尊重，也是对历史负责任的一种科学态度。

在这本书完稿的时候，我终于长长地出了一口气，历时八年，从一无所知到资料堆积如山，从油气专业书籍到油气工业史类书籍，再到石油文学书籍，每收集到一条线索我都兴奋无比，每核对一个人名、地名、事件发生的时间我都深深地感到收获的喜悦，我庆幸自己坚持下来了，更庆幸没有被困难吓倒半途而废，也欣慰众多学者留下了丰富的历史资料和记录。感谢书中所列每一份参考文献的作者，感谢每一份资料的提供者，感谢每一幅照片的拍摄者，感谢每一位受访者，更要感谢每一位石油勘探发现的亲历者、组织者、贡献者。

在这本书付印的时候，真诚地向所有关心、支持、帮助我的专家、学者、领导表示最衷心的感谢和敬意！

特别感谢中国工程院翟光明院士为本书作序，感谢中国科学院李德生院士，中国工程院胡见义院士、刘合院士给予的指导和鼓励！

感谢张镇、王章俊、章卫兵、李永铁、黄盛崇、于葆华、于鸿椿、张英安、薛新克、王蕾、吕清河、马桂芝、刘东宇、李文强、于怀泉、周泽山、潘放、林毅、崔玉波、肖庆晖、裴戈、郭红英、王智炜、卢庆胜、党慧兰、毛军、廖小静等提供的帮助和支持。

感谢李文阳、王大锐、许怀先、常毓文、赵力民、张虎俊、赵永义、梁忠辉、张国生、杨姝、张红超、姚子修、陈会年、齐明明、张娜、李富恒、赵振宇、赵喆、窦晶晶、翟振宇、金旭、杨清海、武娜等专家、青年学者对本书的审读，他们提出了很好的意见和建议，也对一些史实进行了佐证。

感谢大庆油田、吉林油田、辽河油田、大港油田、冀东油田、华北油田、长庆油田、青海油田、玉门油田、吐哈油田、新疆油田、塔里木油田、西南油气田、胜利油田、河南油田、中原油田、江苏油田、江汉油田以及延长石油、海洋石油、台湾石油等单位的支持和帮助。

感谢中国石油勘探开发研究院、中国石油学会、中国地质学会、中国石油党建与思想政治工作研究会科研分会、《石油知识》杂志社、中国石油报社的支持。感谢中国石油天然气集团有限公司思想政治工作部、勘探与生产分公司的支持。

特别感谢石油工业出版社、地质出版社的大力支持。

特别感谢我家人的理解和支持，感谢你们的爱。因为有了你们，让我感到四季温暖如春，写作动力十足。

我真诚地希望这本书能起到"存史留鉴、资政辅治"的作用，为我国石油工业发展提供参考和借鉴。本书的写作过程，对我来说真是一场体力、脑力、心力、笔力的历练，也是一次石油精神的再洗礼、再考验，更是一次再研究、再学习、再总结、再认识、再凝练、再升华的过程，深感责任重大，丝毫不敢懈怠。

兴奋之余，我心里又感到十分恐慌。由于自己能力所限，立足高度、认识深度、辨析能力、写作水平以及对资料的理解和掌握程度在很大程度上存在局限性制约，书中定会存在诸多不足和遗漏，留下些许遗憾，甚至出现一些与历史不符的记述错误，真诚地期待广大读者批评指正。

闫建文
于北京石油大院
二〇一九年六月二十五日